我知道你愛得很用力，但還是要一巴掌呼醒你！

欣西亞致幸福愛情的53個Do's & Don'ts

目錄·contents

CHAPTER

2 外頭的野女人，總讓男友禽獸不如

× 談女人

CHAPTER

3 之所以變得強悍，是因為有了想守護的東西

× 談危機處理

目錄・contents

PLUS

給陽光宅宅的教戰手冊

× 致那些好男人

推薦1

一天晚上，欣西亞興致勃勃找我幫她寫新書的序，我的第一個反應是「歐買尬，這個平常拍影片沒有底線的欣西亞，寫書會有多誇張啊！」結果看到內容之後，發現我真是大錯特錯，這本書完全是一本認真的「性愛」寶典。但各位千萬別誤會，這邊說的性愛，不是講性愛體位或是性經驗，而是教讀者如何從「性」去看「愛」。

因為不少人到現在都還以為，男女間的感情不就那樣，兩情相悅就可以白頭偕老了，跟性有什麼關係？但欣西亞就是要在這本書打醒你，醒醒吧！女孩們，很多男人是非常賤的，從他們對於性的態度就可以知道，這傢伙是愛你還是玩你。如同書裡寫的，女人愛壞男人，熱衷享受馴服的快感。不過，可怕的地方在於，女人卻往往搞不清楚對方到底是壞，還是禽獸。還好傻好天真的以為，可以跟這男人白頭偕老一輩子。

如果你是一個完全沒談過戀愛的人，那你一定要看看這本書，因為欣西亞老師會保護你不誤入歧途。如果你是一個已經遍體鱗傷的人，那相信你看完這本書後，絕對會有一種恍然大悟的震撼，下一秒就想回去揍死那些前男友。如果你平常就有在發漏欣西亞的網路節目「異國婚姻勁爆開講」，那你更應該搭配書本一起服用，包準讓你的「性愛」經驗更上一層樓。

Yahoo 奇摩影音製作人 Gilbert

推薦2

姊妹淘聚在一起，永遠有說不完的男女情事，一來可能幾年就換個對象，二來戀愛期間，不同的階段面臨不同的問題，都需要交換意見來解惑，大家各自依照自己或朋友的經歷來解讀另一半的行為意圖。多年後，大家各自回頭一看，歷任男友除了五官細緻度的不同，外表、個性竟都差不多！如果對象一換再換，還被同類型的異性吸引，那麼戀情重蹈覆轍的機率難免會提高，這時候就該找出問題點。

欣西亞是個很坦誠的愛情顧問，她讓我發現女人想盡辦法、費盡心思去了解異性的想法與做法，學會了愛自己，卻忘了最重要的是了解自己。20歲是不是還有少女的天真；30歲是不是還摸不清楚想結婚還是只想戀愛；40歲個性是否依然衝動而忽略了另一半的感受；不管幾歲在愛自己跟愛對方的天秤中，是否拿捏得、當掌握得宜？如果每個人都可以多了解自己一點，幸福的愛情就在不遠處。

本書要告訴女人們在愛過之後，如何繼續學習、維持幸福的穩定度。在網路盛行的時代，環境誘惑多且多變，愛情不確定的因素比過去大大增加，男人女人都需要更多的智慧來處理。這是第二次為欣西亞的書寫序，她從男人、女人到危機處理與相處對策，直言不諱的點醒愛情受挫的女人們，是本值得而且只能自己珍藏的寶典。如果你總是在愛情中總是感到徬徨不安，希望更有自信的掌握愛情，或許可以在這本書中找到答案。

正聲廣播公司・台北在飛躍／
橘色唱盤節目主持人　**宛志蘋**

推薦3

認識欣西亞，是在一場活動座談會上，座談會的主題是《性感內衣 v.s 性愛合一》（好啦！活動其實不叫這麼假掰的名字，但總之和 sex 以及 sexy 有關無誤），座談會的最後有Q＆A時間，於是我就問了：「日本A片和歐美A片的女優叫床時的聲音差很多耶，到底哪一種才是真的？」

提出這問題，一半是為了炒熱氣氛，一半也是因為我八卦加好奇，更何況活動前幾次見面，欣西亞都讓我覺得她是那種大喇喇的女生，結果沒想到，事情卻大大的出乎我意料之外——你絕對難以想像的是，這位大喇喇（而且也是大嗓門）的少女，就這麼拿著麥克風，在四、五十個人面前「亞咩爹亞咩爹～ oh yes ～ oh fuck me ～ oh ohoh ～」當場示範了兩種叫床方法！當聲音從那有A扣的環繞音效音箱傳出時，瞬間我忍不住想：媽呀，妳隨便答一答也不會有人怪妳啊！我沒有叫妳親身示範我沒有我沒有……人不是我殺的！

然後，當我收到書稿，才看了幾篇，我就想起了當時的畫面。怎麼說呢？欣西亞果然是身體力行派的啊！她很直接，喜歡就是喜歡，討厭就是討厭，沒有太多「或許」、「可能」、「大概」這類模擬兩可的詞彙，如果說兩性書是戀愛地圖，那麼欣西亞這一本地圖，不但指標明確的告訴你前方幾公尺處應該轉彎，還有即時街景服務。如果妳當下有戀愛困擾，那麼這本書是苦海明燈，如果妳目前的感情生活一帆風順，這本書還是很值得一讀，因為欣西亞那的幽默感絕對不是隔靴搔癢，會讓人拍手叫好。

總之，這本書顯然是走一個「講到嘴角全泡不如直接示範」的概念，就像那一晚的叫床座談會，沒有學究派的大道理，但絕對有身體力行後體悟的真理。

暢銷作家 **密絲飄**

推薦4

這些年，我靠著網路上的影片認識欣西亞與Shane這對搞笑夫妻，從她們在美國的生活一直到回台灣的日子，夫妻倆合作無間的互動談話影片帶給我好幾年好多歡笑。我看過欣西亞的第一本書，對他們愛情的來龍去脈也挺熟悉，就算只見過一次面，私下也無聯絡，欣西亞對我來說還是像一起長大的老朋友一樣，**Amazing internet!**

多年前欣西亞為了Shane飄洋過海，多年後Shane為了欣西亞回到台灣生活；婚後N年，欣西亞還是會因為Shane的一句話笑得花枝亂顫，Shane依然對欣西亞的精心打扮投以愛慕眼光，簡簡單單就Hold住了愛情的必勝點；在愛情裡，他們愛得很用力，也愛得很快樂！這是我最欣賞的地方。

我一直相信欣西亞的腦子裡肯定有對愛情相當獨到觀點，也一定有一堆解決愛情麻煩的私房寶典，就讓欣西亞這本新書來擊破愛情的盲點。

祝福每位好人都能遇上另一個好人，然後一起用對方法，用心努力，愛情就這麼簡單！

諮商心理師／知名作家 **貴婦奈奈**

自序．我知道你愛得很用力

去年五月，欣西亞在Shane的陪伴下，幸福洋溢地吹熄了蛋糕上的蠟燭。正當我相信一切必定更加美好……我失業了！囧（飆髒話）

「為什麼是我？」「之前不是都還好好的嗎？」「是不是我不夠好？」許多問號襲捲而來，這感覺並不陌生，記得當年跟舊情人分手時，姊也是如此悲憤交加。

有道是，「上帝幫你關了一道門，就會幫你打開一扇窗。」這本書就在老娘人生一片黯淡的當兒被簽了下來。震驚之餘，我也悟出了一個道理：愛情，就跟打卡上班一樣，不是超時付出或熬得爆肝，對方就會多看重一點，當他的感情緊縮，關係想重整，無論當初的愛再濃烈，照樣叫你滾蛋。

這時若我們是愛得用力的那個，就註定了被吃定的命運。有的是明明在交往，他卻頻頻向外招募，常釋出「急缺！有興趣請來應徵」的訊息，還補個「非誠勿試」，非常沒道德；有的是曖昧不清，要在床上出公差就call你，不然銷聲匿跡，你實質的名分得不到，卻還盼望著用女友身份正式開工，好比放戀愛無薪假；有的則是愛得兢兢業業，以為這段感情會開花結果，誰知毫無預警就遭受非自願離職，原來他有了新歡，而且人家三個月試用期還沒過就坐上未婚妻的位子……媽的！這到底還有沒有天理？

說穿了，談戀愛不是努力就有收穫，除了用力，你更必須聰明。所以，就讓欣西亞幫你提示，指點迷津，擬好策略，悉心教戰。除了守，也要防，更要攻，當你最好的軍師。

如果你的感情處於低潮，請別輕言放棄；如果你節節敗退，也請不要轉身逃跑，因為真愛永遠值得我們挺身而戰，不變得強悍，就無法和幸福並駕齊驅，所以，親愛的，鼓起勇氣，出手捍衛它，這一次，讓我們一起成功地將愛情手到擒來吧！

CHAPTER
1

× 談男人

男人都是畜生，但女人都愛小動物

已讀不回，男人在想什麼？

隨著智慧型手機APP功能的進步，讓現代人溝通更有效率，矛盾的是，原本目的是讓交談更透明化，結果反而產生更多猜忌跟懷疑，「已讀」就是個最好的例子：它確保對方收到妳所傳達的訊息，甚至還能秀出是幾點幾分看見的，精準又分秒不差，我們本該覺得非常踏實才對，然而，隨著男人的沉默，女人竟感到更加心亂如麻……

相信沒有人喜歡「已讀不回」的待遇，包括欣西亞。我不但不喜歡，對於那個人怎麼回覆我（當然跟姊妹淘聊天另當別論），其實都有些膽戰心驚，因此每當談正事，傳line出去後，老娘就會立馬把手機關靜音，等準備好要面對再看，否則陰森森的line或叮咚提示聲，都會教人暫時停止呼吸，完全是種逃避的心態。所以就個人而言，很多時候我似乎比較喜歡「已讀不回」，因為不回也許沒事，但回了八成沒好事。不過大多人都不這麼認為，朋友就覺得這樣的行為很不OK，不但不尊重，也很沒禮貌。

撇開一般朋友，男女間想必也很怕這種情形，畢竟搞曖昧若有似無的氛圍已經很折騰人，收到訊息卻不聞不問，難道是自作多情還是風向變了？當一個男人對女人的訊息已讀不回，他的心裡到底在想什麼？以下是欣西亞的分析報導：

他沒那麼喜歡妳

你們的關係是朋友，妳對他有情愫，所以總是藉line問些有的沒的，如果他重視妳，或覺得彼此有發展空間，那我相信對方絕對是「已讀必回」，而且大多會超過兩至三個字以上，雖不至於是名言佳句，但妳一定感受得到他的誠意。但有回也不見得他對妳有興趣，如果永遠是「好der」、「收到」或「知道惹」這種敷衍了事，只是看得心酸，回貼圖也一樣，他對妳不喜歡也不討厭，又不曉得該說什麼，所以只用貼圖打發，而且通常「圖不對文」，就是妳掏心挖肺說了一長串，結果他貼了個「超讚」的大拇指（這到底什麼意思？還不如給個甲上星算了），啊捏，只比「已讀不回」好一點點。總之，這個年代大家都知道訊息已讀後背負的責任有多大，傷人的威力有多深。如果他啥都沒回，就跟「射後不理」的道理是差不多的：他就是沒那麼喜歡妳。

他在忙，然後他沒那麼喜歡妳

確實，妳我都是上班族，一定很能體會那種忙到沒時間跟人五四三的尖峰時刻，尤其現在很多老闆非常愛用 line 交辦事情，有時候公務繁忙，同時用 line 跟上司還有客戶在講話，恨不得有三頭六臂加快打字的速度，結果其它訊息進來，匆忙切換螢幕之間就不小心「已讀」了（囧）。這時他可能沒察覺，或察覺了也沒時間回覆，前者表示妳對他的存在感太低，需要再加把勁，後者如果他忙完了也忘記要回妳，那當然表示妳不是他心尖兒上的人。

他不曉得該說什麼，因為他就是沒那麼喜歡妳

「話不投機半句多」，如果跟妳不來電，對方當然不曉得該說什麼才好，也不會擠破頭硬是要回些什麼，假設連貼圖都懶得給，那似乎暗示著被封殺出局的命運。畢竟，回貼圖是最不需要經過大腦思考跟最敷衍人的策略啊啊啊！如果男人把妳當回事，他絕對寧可「不讀不回」，也不願「已讀不回」。因為手機沒顯示讀到訊息就能

夠先按兵不動，爭取時間慢慢構思，等想好了該怎麼出擊，神回、妙回、回得巧、回得嚇嚇叫！才能一舉擄獲佳人芳心。

希望大家不要被男人的「已讀不回」打擊到信心，說實在話，就算他沒那麼喜歡妳，也只是「現在目前暫時」的狀態，因為那並不代表妳永遠沒機會，如果真的很喜歡，就努力把自己變成對方「已讀必回」的女人，用力將他手到擒來，這將是個多麼勵志的故事啊！

握住了屌，卻抓不住他

在很多女人眼裡，大部分的男人是靠著生物本能在談戀愛的野獸。餓了，就想吃，性慾來了，就想上，哪邊有張開的大腿就往哪邊去，自以為是淡水紅樹林潮間帶的寄居蟹，一天到晚忙著找不同的殼鑽。男人讓女人感覺危險，是因為他們擅於狩獵，食物鏈裡總是被撲倒捕殺的羚羊，既然覺得自己的命運是被吃乾抹淨，自然不會覺得處境安全到哪兒去。

然而在欣西亞眼裡，我倒覺得男人是全天下最屈居弱勢的動物，因為他們的把柄就長在胯下最顯眼的地方，「屌」兒郎當，雖然和 size 無關但多少有些自曝其短，雖然他們總愛 call it「大雕」，但其實就是你我口中俗稱的「小辮子」，這東西就像龍的逆鱗，妳一摸它就生氣，然後立刻膨脹成綠巨人浩克，看起來極度危險，但說穿了就是貓科動物的脖子，輕輕一握老虎也能順服的像病貓。所以，任何一個懂得先抓住男人龜頭的查某郎，她根本就已經占盡上風，完全贏在起跑點上。

問題就出在女人要的往往不是男人的屌，如果發生關係就是男女朋友，擁有高潮就算談戀愛，那兩性就不會那麼複雜了。我們渴望被愛，被喜歡的人疼，甚至想成為他眼神注視的唯一，性器相投了心靈卻無法交流，掌握了他的龜頭卻不是他的心頭，不上不下，像是差了臨門一腳，感覺加倍諷刺。「那怎麼辦？」望著手心裡的肉棒，妳有些進退兩難：放了，心有不甘，不放，又覺得吃虧，多希望這樣的局面不要如此尷尬，到底要怎麼走，才能撥雲見日、海闊天空？

蘇打綠唱：天上風箏在天上飛，地上人兒在地上追……

相信大家都有放風箏的經驗，風箏高高飛在天際，距離地面上的妳好遠，不是一伸手就觸摸得到，然而它看起來再怎麼不受羈絆，自由自在，終究透過風箏線讓我們掌握在手裡。現在，**他是風箏，他的老二是風箏線，而妳是放風箏的人。**妳並不是完全沒抓到，只是需要方法，一般來說，線收得太快容易斷，風箏就回不來了，所以千萬不要心急，請按部就班。應用在兩性攻防上就是不再讓對方予取予求，他 line 妳妳已讀不回，他約妳不一定出來，甚至還放些假消息讓他誤以為妳同時在放很多風箏，慢慢收線＝增加妳的神祕感和挑戰性，plus 加深他的好奇心和征服慾。

然後，既然握住了線，多學些變化技巧是王道，「妳很會放風箏，只要給妳放他就飛得特別遠特別高」說什麼都比「放來放去都千篇一律」或「線都給妳了，但風箏還飛不起來」來的好。人性很現實，如果找妳一起放風箏很無聊，那他找別人就好啦。最後，千萬不要放牛吃草，除非妳決定跟他老死不相往來，否則還是要保持聯絡，畢竟線放得太長風箏不但看不到妳，還可能因為風向改變飛到別處去，或是跟其他風箏線糾纏在一塊兒，這些變數都對妳不利。

談感情，搞曖昧，「握住了屌，卻抓不住他」的局面，有時候還真教女人不知如何是好，因為我們永遠不知道：一旦跟這個男人上了床，他會更珍惜我們？還是只是玩玩而已？在這裡，欣西亞給的建議是：無論什麼後果，只要妳不後悔，保險套也已經準備妥當，那就去吧。有道是「射人先射馬，擒賊先擒王」，無論如何，先讓他射，先擒住他的小王，只要別玩出人命別染病，雖說不是最強大，也許也不失是一種「先求有，再求好」的方法。

搞曖昧注意事項

曖昧往往是戀愛的開始，情侶在步入正式交往之前，也幾乎都得經歷搞曖昧這一段。每當兩個人在一起，那彼此相互吸引的費洛蒙，飄散在空氣中的動情激素，舉手投足都充滿電流，內心明明千軍萬馬地感受到了，卻因為對方「還沒明說」，而令妳既期待又怕受傷害——期盼愛情能開花結果，又擔心是自己一廂情願，或是關係破局，落得賠了夫人又折兵的下場。既然搞曖昧是愛情的必經之路，它的濃淡輕重要如何掌握？注意事項有哪些？才不至於讓妳受盡委屈、徒留遺憾。

得失心不要太重

正如同現在已經不流行「上了床就非君莫嫁」這種考古思維，請妳也捨棄「曖昧搞了就要交往」的保守想法，因為這根本就違反了搞曖昧的核心價值。搞曖昧的目的，說穿了就是在試水溫，除非一拍即合，否則需要時間測試彼此適不適合在一起，他如果在觀望，妳也不要客氣，既然大家都是朋友，那就多看多聽多認識，心情放輕鬆很重要，患得患失只會讓妳自亂陣腳。當然我知道這很困難，否則妳也不會如此在意他今天有沒有line妳？是不是「已讀不回」？多久沒約會見面了？俗話說：最大的敵人就是自己。因此，請保持一顆冷靜的腦袋和玩樂的態度，曖昧期間就迫不及待全心投入最可能壞事，抱持三心二意就不容易有得失心。

蛋不要放同一個籃子

既然男人的蛋蛋總喜歡在不同的籃子中遊走，那也請女人如法炮製。沒人規定曖昧對象一次只能一個吧？只要有fu就算達到低標，尤其選項愈多愈能比較，一對多的排列組合不但比一對一來得精彩，產生媒合和配對的成功機率更是高出許多。所以，不要傻傻的只把妳的蛋放進他一個人的籃子，因為有些男人就是酷愛蒐集蛋，跟蛇一樣吞了這一顆便繼續找下一顆，反正他的曖昧對象從頭到尾都不只妳一個，而妳手中把玩的扭蛋玩來玩去都是相同的兩顆，豈不是太虧了些？

如果擔心他從陰道偷渡妳的心，那還是別上床的好

有些女生以為上床這個動作是將兩人曖昧提升到交往的重要關鍵，不但好傻好天

真，還大錯特錯。做愛對曖昧期間的男人來說，他只是覺得妳這款車研究了這麼多，鑑賞了這麼久，做了這麼多功課，也該「試車」了，看看駕駛起來的性能是否吻合自己要的需求和速度感，假如真的適合，再考慮入手也不遲。性愛帶給女人和男人最大的不同就是「陰道總能通往我們的心，而男人的愛卻可以在噴發之後消失殆盡」，如果妳怕自己被試開了以後期望他下單，甚至無可自拔地更加喜歡他，那還是別上床的好。

妳到底是他的曖昧對象還是女朋友?不確定請開口問

欣西亞常被許多女孩問：「我跟他約會已經很久了……（以下省略八百字），請問他到底把我當什麼？」我想我只能幫忙分析，但正確答案的還是在對方手上。與其自己胡亂瞎猜，倒不如單刀直入問：「我是你的誰？」雖然他不一定會說真話，起碼妳表達了不滿和疑惑，或妳想要的是什麼關係。別怕男人會因此看輕妳，一個知道自己要什麼的女人永遠比被牽著鼻子走來得令人尊敬。

有人覺得曖昧是愛情最美好的階段，因為不確定，也有人說曖昧是愛情最苦悶的時刻，也因為不確定。無論如何，這也是談戀愛必經的過程，既然是必經，就請細細感受它帶給妳的每一次心跳加速和每一份悸動，因為當兩人交往到第N年，妳一定會懷念起這最初的新鮮感，而忍不住回味再三。

為何妳是
見不得光的女朋友

和男友一起出去，遇到要在Facebook上打卡時，他永遠不標籤妳。

兩個人自拍的照片，當下是又親密又甜蜜，卻從來不曾在他的塗鴉牆上出現。

明明已經交往了一陣子，他的臉書交友狀況還是設定單身。

參加朋友的聚會，他絕對不帶妳去，妳邀約他參加妳的攤，也總是推託著不願出席。

走在路上遇見認識的人，他只是淡淡地跟對方介紹妳：「這是我朋友！」那欲蓋彌彰的表情，充分說明了：他其實並不想讓別人知道，你們其實是男女朋友的關係。

相信有些女生在剛交往的時候，總不免碰到以上的經驗，每次發生，妳不但美送，也滿頭霧水，不曉得另一半葫蘆裡在賣什麼膏藥，隨著次數增多，妳內心的疑惑更重，不斷猜想到底是什麼原因讓自己見不得光？他究竟是怎麼看妳？怎麼看待你們倆的關係？男人，他到底在想什麼……？俗話說得好：事出必有因。跟妳交往了卻不想對外公布，我想主要有三個因素：**一是男人企圖自抬身價，然後騎驢找馬，二是他覺得妳帶不出場，所以要妳當個活在暗處的「地基主」。三是他根本不是單身，還肖想瞞天過海教妳做小三。**

大家都知道台北市的房子供少於求，在絕大多數人都想購屋，卻又「物以稀為貴」的情況下，價格就容易被炒作。若把人比喻成房子，也是同樣的道理，競爭者多，身價自然提高，就算渣男是金玉其外敗絮其中的海砂屋，愈多人趨之若鶩，他愈顯得炙手可熱。女朋友自以為是屋主，在他眼中，其實只是租房子的房客，只要隱瞞自己死會的事實，就永遠有其他女人來做 open house。所以，都交往了卻不想對外公布，當然是為了要自抬身價，等待更優秀的買家入場，而就算妳付出了好幾年的時間、青春和感情當房租，他人也永遠不會是妳的。

有些男人，不曉得是自我感覺太良好還是天生犯賤，總覺得交往的對象帶不出場，所以乾脆把妳隱藏在不見天日的黑暗中，如此一來，兩人的關係只有妳知我知，阿捏更方便他尋找下一個上得了檯面的人。

於是妳成了他的「地基主」。據說只要把房子的地基主巴結好，房子裡的人就會生活順遂、平安健康。仔細想想，男朋友就是沾了妳的「雨露」才神清氣爽，下半身「頭」好壯壯，因為有妳噓寒問暖般的加持，他才可以更安心對外發展，對其他女人衝「洞」陷陣！而在逢年過節，清民掃墓，都是拜地基主的好時候，就像在特殊節日，例如：聖誕節 or 情人節，他也都請妳上高級餐廳以雞牛羊供奉，外加幾咖名牌包，再順便上個主題 motel 讓妳發爐一下，以祈求自己在情場上風調雨順，國泰安康。

還有些男人，明明結婚了卻愛做偷腥的貓，但也不是姜太公願者上鉤，反倒喜歡用騙的，畢竟絕大多數女人沒意願當情婦。於是妳被矇在鼓裡，兩人生活圈很少重疊，所以妳不太清楚他的公司或住處位置，摩鐵 check-in 都開車直達房間，所以神不知鬼不覺，雖然不是每個交往對象都該身家調查，但是否「單身」這件事，還是謹慎為妙，藉機偷看他的身分證，想辦法探聽他是否已婚，否則成了第三者還莫名其妙吃上妨害家庭的官司，絕對得不償失。

看了以上分析，妳一顆心沉到谷底，原來男人遲遲不對外公布你們的關係，對妳是女朋友的身分守口如瓶，都是為了自己利益，根本是呷人便便！沒關係，本書後面我將分享要他把妳昭告天下的方法，讓苦主從房客的變成屋主，從地基主變成正宮娘娘，讓他就算念一百次「碟仙碟仙請歸位」都請神容易送神難，姊妹們！請趕快再繼續看下去吧！

乾妹妹，幹妹妹

歌手張震嶽有首知名的歌曲：「只是乾妹妹，剛認識的乾妹妹，妳以前還不是我的乾妹妹……」寫實的文字，精準道出男女間微妙的關係。從求學時期到現在，我所認識的男性友人大部分都不排斥「乾妹妹」的存在，不但不排斥，動機也多不單純，問他們為何要多此一舉攀親認戚？如果有好感，直接行動不就得了？結果大家的答案一個比一個犀利。

「認乾妹妹，比起明目張膽的追求，可說是『進可攻，退可守』，只要不戳破，就永遠有發展的餘地。」友人A說。

「會冠上乾妹妹的頭銜，就表示情同家人，噓寒問暖、多加照顧本來就是應該的，女朋友沒理由吃醋，因為她是我妹呀！」友人B補充。

友人C更狠：「乾妹妹，幹妹妹，其實都差不多啦，只是時間早晚的問題，反正哥結拜的多，可以輪流相親相愛。」如此直白，聽得欣西亞背都濕了。

「所以乾妹妹的妹其實就是把妹的妹，跟頂新黑心油一樣：內容物不變，純粹換包裝。還不是一肚子壞水」我翻了個白眼，「話雖然這麼說，但成功機率就是比較大，只能說正中妳們女人愛假掰的心態，喜歡自我催眠說兩人只是兄妹沒怎樣，結果還不是被愛護到床上去？」哇咧！這位兄台火力全開，竟然堵得我一句話也說不出來。

男生會認乾妹妹，無非是想製造追求的正當性，像是噓寒問暖、溫馨接送、吃飯看電影等等，明明一舉一動都在求愛，卻說是出自對家人的關心，企圖用乾哥乾妹的稱呼卸除女生的心防，讓對方在不知不覺中接受他的好，習慣他的存在，蠶食鯨吞，最後無力招架。如果乾妹很常say YES，十次有九次都出來約會，那距離正式交往應該也不遠了，或是，這次先一起去看電影，下次一起看星星，再下次一起看夜景，然後……燈光美，氣氛佳，花好月圓人陶醉，接下來搞不好就可以一起咻~幾蕾滑進摩鐵，這就是友人A口中的「進可攻」，至於「退可守」，由於乾哥的身分比其他人更深一層，不但能光明正大知道乾妹的住處，甚至能自由出入她的房間，這些都是同學or宅宅沒有的福利，近水樓台＋守住香閨的進出口，幾乎就能鎖住讓鮑魚不外流。

另外，如果他有女朋友，也可以在女友逼問下用「她只是我的乾妹妹」輕鬆帶過，因為是乾妹，所以出去吃飯，正常。因為是乾妹，所以談心聊天，應該的，既然是乾妹，彼此間就只有兄妹之情，哥哥照顧妹妹天經地義，妳嫉妒親情就該天打雷劈，讓正宮找不到理由吃醋，又安內又攘外，一舉兩得。

而女生會接受乾妹妹的稱號，我也覺得是「瞎子吃餛飩，心裡有數」，她一定很清楚對方的意圖，想接受男生的照顧，卻又不想那麼早死會，所以選擇當乾妹，如此一來就能保持在市場的身價，還可理所當然享受許多兄長的關懷，何樂而不為？

當然，乾妹妹這檔事本來就是一個願打，一個願挨。不過四海之內皆兄弟，是人家乾妹妹的，就要有心理準備路上其實還有很多婊姊，做人家乾哥的，結果都是「客」家來的弟「兄」，真的是，彼此彼此。

寫到這裡，我想一定有人會大聲嚷嚷：「男女間也有只是像家人般的情誼，是妳想太多了吧？」嗯……或許吧！路人男女的感情要多純潔，或純潔到什麼程度，只要他們彼此OK，實在也不干我的事。不過如果今天另一半成了別人的乾哥，老娘絕對追究到底，本人無法對乾妹妹坐視不管或睜隻眼閉隻眼，說穿了，哪天這個乾妹妹跟我們的老公（或男友）搞得妹妹濕，那就後悔也來不及啦！

男人都是畜生，但女人都愛小動物

妳的身旁絕對有這樣的好男人：他們五官不出眾，組合起來也算耐看，雖然沒有最潮的打扮，全身上下倒也纖塵不染。個性溫和，忠厚老實，對異性有絕對的尊重和最大的包容，凡事以女人為優先，妳說東他不會往西，集這麼多優點在一身，似乎是女人明智的抉擇，但妳也只是看著，沒一丁點被吸引的感覺，只因為他：不‧夠‧壞！

不得不說乖巧如綿羊，善良而無害的男人往往教女人興致缺缺，因為他們單純，容易被一眼看穿，相處上缺乏神祕與刺激，自然教人提不起勁，既然生活上無法帶給女人新鮮感，床上想必也不太可能有什麼驚人之舉。尤其在sex這個領域，too nice的男人，跟他做愛別期待高潮能高到哪去，畢竟一根彬彬有禮的老二跟一個粗魯又滿口髒話的rocker，後者更有可能搖滾妳的下體。

既然有好好先生，就有禽獸般的壞男人，他們天性驕傲又自我中心，霸道蠻橫又不講理，卻教女人難以自拔，就算被傷透卻還能愈挫愈勇，所以主持天王吳宗憲才會說：「男人都是畜生，但女人都愛小動物。」不夠畜生女人還不愛，「明知山有虎，偏向虎山行」，每個人想當馴獸師，因為過程驚險卻刺激萬分，雖可能賠上性命，但和獅子老虎為伍的愛情才是精彩又轟轟烈烈。

壞男人也像熱量超高的巧克力布朗尼，妳明知道吃了對身體有害，但就是控制不了自己，咬下去的當下幸福得飛上天，直到體重上升才後悔莫及，痛下決心大喊：「我發誓再也不碰了！」然而一段時間過去又重蹈覆轍，才驚覺自己根本上了癮，味道平淡，對健康有益的雜糧饅頭不要，還是罪大惡極的甜食最吸引人。

既然如此，畜生般的壞男人該碰嗎？或是當我們遇上時，該怎麼辦？

首先，「認知」很重要，妳要很清楚跟自己交手的是怎樣的角色，不要好傻好天真以為男人都來自可愛動物區，認清才能因材施教，如果他是狼，妳就不能扮演小白兔，就算不是天生的獵人，無法力敵，好歹也要懂得智取，這時候最忌諱有勇無謀，因為不聽明的人，永遠是愛著卡慘死。

接著，請甸甸自己的斤兩，明明膽固醇高心臟也不強，還嗜吃肥滋滋的可口蛋糕，根本自尋死路。有道是：**沒那個屁股就不要吃那個瀉藥，沒那個膽識就不要愛上禽獸。**不要搞得他還沒被馴養，妳已經被吃乾抹淨，如果真的戒不掉甜食，至少養成運動的習慣。如果真的無力愛上，也只能邊摔邊自我訓練，是說同樣的部位受傷多次後就會長繭，皮膚變厚也就刀槍不入了，我也是一路走來拉薩呷拉薩大（台語：骯髒吃骯髒大），現在對壞男人變得百毒不侵。所以，加油吧，孩子！

最後，雖說男人不夠畜生沒人愛，女人也同樣是不使壞就不性感吧？無論外在多麼天使面孔，魔鬼身材，我相信城府深，心眼多，個性捉摸不定的女人才魅力無窮，不至於教人喜新厭舊，好比白開水雖然解渴，但喝完了很少男人會想來第二杯，再怎麼有益健康還是比不上碳酸飲料灌下肚啊……的一聲暢快。只能說壞東西本來就令人著迷，要淺嘗即止或照三餐全嗑，那就要看各位有沒有強健的體魄了。

「禽獸」跟「壞男人」的區別

相信在情海中載沉載浮的女人都怕碰上壞男人，所以張惠妹才唱：bad boy，bad boy，讓我對你說 bye-bye。不過，就在女人不停康普練自己碰上壞男人有多麼慘絕人寰，然後還一直用 email 還有FB私訊轟炸欣西亞問該怎麼辦？我真的很想一巴掌呼醒她們說：「小姐，妳其實碰上的是『禽獸』，而且還是『禽獸不如』，請不要再侮辱『壞男人』三個字了OK？」

不是說「男人不壞，女人不愛」嗎？因此我發覺壞男人實在很委屈，他只是用了些手段讓女人對他如癡如狂，雖然不是完全道德但罪不致死，然後就有很多女人直接將他類歸「禽獸」，成了過街老鼠人人喊打，所以今天老娘一定要用這篇文章來以正視聽，究竟，「壞男人」跟「禽獸」有什麼不一樣？

壞男人講話半假半真，禽獸從頭到尾都是謊話連篇

曖昧期間，壞男人會說：「我很喜歡妳，但我現在還不想定下來」、「我有女朋友，但我也想要妳」或是「我還有想做的事，現在無法給妳任何承諾」。雖然不能教他們像吃了誠實豆沙包般完全吐實，但距離真相也相去不遠，就是：我只想 have fun，倘若妳接受就來吧！高竿之處是半假半真，讓女人自行跳坑，不但願意，還樂意加入他一對多的桃花窩。雖然也是炮友，但壞男人就是有辦法讓女人在面對姐妹淘質詢時理

直氣壯說：「我們是做愛，不是性愛！」就算得不到任何承諾，女人還會無限崇拜壞男人的崇高抱負，覺得他好有想法，而我何德何能，怎麼可以因為一時的兒女情長耽誤對方美好前程？

換成禽獸就大不同了，他們的台詞一向是：「我此生最愛妳，妳是我的唯一」、「我目前單身，也沒什麼曖昧對象」，企圖說服我們是 only one，但私底下手腳極不乾淨，這個也沾，那個也碰，想到處跟女人上床又不想負責，沒 guts 又做的不光明正大，滿口謊話小動作一堆，怪不得淪為豬八戒肖豬哥。

壞男人在床上用哄的也靠實力，禽獸用盧的外加下三濫的奧招

在壞男人床上，他邊深呼吸邊刻意保持安全距離說：「今夜的妳好性感，我必須要有很高的自制力才不爆發……」甜言蜜語外加演很大，但就是能教女人春心蕩漾，

搞不好還主動吻上他的唇，給一個 free pass 的綠燈。禽獸則是二話不說手先揉上妳的肩，企圖餓虎撲羊，女人拒絕他才動用三寸不爛之舌，開始盧洨洨：「來嘛～來嘛～一次就好，就一次，我會讓妳很舒服的呀！」愈說不要他愈寬衣解帶，死纏爛打個沒完，無法得逞就硬上，或是求助禁藥趁人之危，果真是名副其實的畜生！

更不用說壞男人在性愛上總是前戲做足，等妳濕了再進行下一步，禽獸不會管妳死活，要衝洞就是要衝洞，永遠只顧自己爽，所以在壞男人懷中女人覺得是性感尤物，而在禽獸那裡只會覺得是洩欲的野戰手電筒。

壞男人可以好聚好散，禽獸則是妳想離開了他還要求打分手炮

壞男人懂得尊重女人意願，就算對方提分手，也希望彼此都還能是好朋友，就算當不成，至少也能互道再見，互相祝福。我想這跟壞男人有高度的自負有關，他們天

生是驕傲的動物，不喜歡勉強女人做不愛做的事，在乎的是妳情我願。所以面對異性他們可以說清楚、講明白，畢竟壞也要壞得像個正人君子，而不是虛情假意的小人。而禽獸是當他們發現無利可圖的時候，還會厚臉皮要求最後一次，因為本身沒啥自信，所以提出分手炮企圖掩蓋內心的不平衡，連分手都拖泥帶水，不乾不脆。

結論就是：壞男人還算有人格，禽獸就是完全失格

然而請妳還是別對壞男人掉以輕心，因為再怎麼好也不能跟好人相提並論，但他們迷人，也有著致命的吸引力，這點毋庸置疑，如果妳自認玩得起，惹得起，心臟夠堅強，壞男人確實可以打開妳的眼界，至於禽獸？沒別的廢話，鞭數十，驅之別院，就請他滾回動物園去吧！

妳是他的炮友？還是女朋友？

某個網友在FB用私信問我：

欣西亞：

我跟男朋友在一起已經快滿三個月，他平時工作很忙，我又是百貨公司櫃姐，兩個人要約會並不是很容易。我發現，自從交往以來，兩人凡見面必定做愛，做完他都會說時間晚了，明天還要上班，然後直接開車送我回家，我漸漸發覺這段關係裡跟他除了性愛幾乎沒其他的互動，我會只是他的炮友嗎？

傻傻分不清楚的女朋友　留

就我所知，有些男人確實頗喜歡「以妳是女朋友之名，行我要打炮之實」。因為只要讓女生冠上「女朋友」的頭銜，炮打起來不但正大光明，對方如果不給打還能先發制人說：「打炮是女朋友應盡義務，妳這樣很不負責，bad girlfriend, bad!!!!」以增加女生的罪惡感。另外，別說愛不給做，如果在床上拒絕配合高難度的體位或滿足對方奇怪的性癖好，也可以搬出相同道理靠夭個沒完。對他們來說，有女朋友的好處就是比炮友多，譬如說可擺脫單身的魯蛇身分，比較虛榮，平時有人會嘘寒問暖給予照顧，還有情人節有伴可以放閃……。癥結點就在於男人從頭到尾只想嚐到身為男友的甜頭，而不是負起當男友的責任，認真交往太沈重，只求射完鳥獸散，就讓一切盡在不言中。

那麼，妳到底是他的女朋友？還是炮友？以下症頭，提供給各位參考。

症頭一：你們的互動除了做愛，還是做愛

網友形容的「跟男友見面必定做愛」，我覺得還不是大問題，有些情侶愛得正濃，又不能每天出來，一見面就山洪暴發，天雷勾動地火，實在合情合理。不過如果妳和他的互動永遠只有滾床單，滾完床單他就希望妳滾蛋，那就一整個符合炮友的行程！就算懶得安排約會，總可以聊天談心，有個了解彼此生活上都在忙什麼的會話，如果兩人都沒有興趣相投，只有性器相投，沒有心連心，只有體連體，只有神龍配鳳凰的高潮，沒有心靈交流的溫馨，那妳很可能只是徒有女友 title 的炮友。

症頭二：臉書感情狀態遲遲不改，或和妳在臉書的交流極為低調

明明當初是他開口說：「當我的女朋友，好嗎？」也在妳點頭答應的下一刻立刻

去摩鐵用每一個衝刺證明「妳是我的馬……子」開了個高調的慶功宴，結果他的臉書卻遲遲不改感情狀態，一整個反差很大。或是，他在妳的要求下很有誠意的改了，卻不太來按妳PO文的讚或留言，完全呈現一個潛水的狀態，只有跟妳在床上又活躍起來，這也請多加留意。因為就算是普通朋友，也很難得會在臉書上形同陌路，連按讚這麼不經大腦的行為都不願做，多少說明他對妳這女朋友的身分選擇取消追蹤。

症頭三：他比較 care 妳濕了沒，而妳的喜怒哀樂通通跟他無關

很多時候他只顧自己爽，妳不想要他手還在摳摳摸摸，妳沒準備好他還是督進去，日常生活把妳講話當放屁，心情不好不關他的事，妳生氣他也覺得沒差，你們根本形同陌路，只有在床上才找得到情侶團結的FU。說穿了就是妳的美麗與哀愁全部跟他無

關，他永遠不會注意到妳臉上長了顆青春痘，反倒會在意妳下半身雜毛長長似乎該修，他無法對妳察言觀色，卻總能對妹妹的反應如數家珍，他對妳胯下的熟悉度比對妳的脾性還瞭若指掌，都成了這樣的局面，妳還覺得自己不是他的炮友嗎？

如果發覺自己真的只是男朋友的 fuck buddy，也請莫急莫慌莫害怕。跟他把話挑明了講，明白表達內心感受，看他是否願意改進或尋求解決之道，倘若沒辦法百分百說服妳，再甩了也不遲。不過，我是說如果……如果此男功夫甚好，每次開工都是高潮迭起，令妳意猶未盡，那就重新調整關係，看是要當情深意重的男女朋友，還是清爽無負擔的炮友，只要兩人對彼此的認知達成共識，那當然就 world peace，世界和平！

男人劈腿什麼心態

當成龍面對出軌說出「我犯了全天下的男人都會犯的錯」，從此男人似乎就跟「劈腿」劃上等號。有了家花還要偷採野花，娶了正宮還要包個二奶，已經死會再去搞個小三，妳沒發現他就把一切視為理所當然，被抓包了又聲淚俱下地說想和妳擁有未來，男人明明有了另一半，卻還當自己單身一直玩一直玩，到底什麼心態？

心態一：他天生擁有大愛

這種男人生性浪漫，不談戀愛會死，只愛妳一個根本不夠釋放他滿腔的熱情跟滿足想給予的渴望，所以需要複數去分攤。既然妳和其他可愛女人都是分母，就不用擔心分到的愛會不平均，反正幾個人頭就除以幾，公平公正只是不公開，他的愛很真誠但不忠誠，喜歡妳也欣賞她，想要妳也想要她，既然妳一定不會同意，他當然就暗著來。對他來說這種行為不叫劈腿，而是儂本多情，而且還**覺得這就跟去燒臘店點雙拼或三寶飯一般自然：就是我想吃叉燒也想吃燒鴨，怎樣？有問題嗎？**

心態二：人生無聊不得，想尋求刺激感

不得不說兩人約會個幾年，蜜月期一過，互動就直接從情侶昇華為家人，他覺得

妳不再新鮮，妳對他來說不再是女朋友，反倒成了囉嗦的家母，甚至把屎把尿的外勞。男人畢竟是雄性動物，喜歡追求狩獵的快感，這讓他們看見外頭的妹就忍不住口頭上調情，打打嘴炮，挑戰成功就順道約炮，愈見不得人的勾當做起來愈血脈賁張，就算是最基本的體位，不一樣的桃花源做起來就是別有洞天。相信我，他當然還愛妳，只是他更愛偷雞摸狗的刺激。

心態三：其實他想分了，只是下一個還沒搞定

「騎驢找馬」這句話大家應該不陌生，只是他馬已經找到了，只差還沒一腳跨上去，所以還在騎妳。其實另一半早就覺得兩人沒未來，該把妳甩了，只是新的對象還沒搞定，既然還沒確定他當然不想那麼快放手，免得顧此失彼兩頭空。雖然這種心態

很賤，但不得不說這就是人性，永遠想保護自己的利益，永遠不想讓自己吃虧，所以欺瞞變得順理成章，劈腿成了必要手段，他並不是故意要這麼做，只是新舊房轉換難免有重複繳交租金的過渡期。不過，只要妳這個舊房東沒發現，那就不算出軌。

心態四：主動送上門的，當然是不吃白不吃

有些男人沒偷吃不代表意志堅定，也不代表對妳的愛有多堅貞，一切只是還沒讓他遇到罷了。當外頭的野花主動投懷送抱，誘惑赤裸裸找上門，古人云：「英雄難過美人關」，更別說現今社會，許多D槽都難挺得過E奶的攻勢，既然他其實都處於躍躍欲試、蓄勢待發的狀態，而「機會是留給準備好的人」，現在肉彈自動送到嘴邊，除了不吃白不吃，更要大快朵頤。只不過重鹹的鹽酥雞吃了往往欽唰嘴，吃了第一次

還想吃第二次，吃了第三次就完全上癮，男人最終像失控的火車迎向出軌，這樣的結果，別說妳很錯愕，恐怕連他本人都始料未及。

男人偷吃，不一定代表他不愛了，也不表示他想離開妳，很多時候都是意亂情迷、逢場作戲，或者只是貪圖方便或刺激。當妳發現對方劈腿了，快刀斬亂痲或許能保護自己免於受更多的傷，但在愛情充滿險惡，誘惑又多的現代社會，當下一次又有人企圖奪取手中的幸福時，逃避並不會使我們變得更加強壯。因此，與其匆忙轉身，輕易拱手讓人，我鼓勵妳試著勇敢面對，他可以是個賤骨頭，但妳不見得要當夾著尾巴逃跑的狗，如果這段感情仍舊值得，那就挺身捍衛屬於自己的東西。千萬不要不戰而敗，無論輸贏，起碼我們也得到了寶貴的經驗值，不是嗎？

不放妳走，也沒要妳當女友

「不放妳走，也沒要妳當女友」這句話，不曉得是否說進很多女生的心坎裡？你們「友達以上，戀人未滿」，手牽了，嘴也親了，連床都上了，關係卻不如體位來的清楚，他乾脆指明要女上男下，幫妳定位時就不上不下；做愛時衝刺得可順了，結果提到妳是他的誰，態度立馬變得卡卡，覺得他不打算把兩人升等成正式情侶嘛……到了生日跟情人節，他送禮還請吃燭光晚餐，讓妳感受滿滿的愛，也會突然消失，等妳差不多快忘了這個人才又再度出現，打亂妳的情緒，吹皺一池春水。妳不瞭，當男人不放妳走，又沒打算要妳當女友，他的心裡，到底在想什麼？

他喜歡當皇帝，想翻誰的牌就翻誰的牌

如果可以，喜歡遊戲人間的男人誰不希望可以一對多，享齊人之福？最好星期一跟 Linda，星期二約 Jessica……一個禮拜約會七個不同的女人，樂趣無窮，畢竟每顆健達出奇蛋裡頭的驚喜都不一樣，更何況每個人都像一本書？

他可以看完浪漫小說再翻搞笑漫畫，被逗得開心再用色情 A 書收場，反正手邊收藏眾多，有小清新、小蘿莉也有小辣椒，想約哪個主題不怕沒的挑，欸……講到這裡，大家不覺得這跟「甄嬛傳」裡的翻牌子很像？對！沒錯！他就是自以為皇上在玩指指樂，所以，每當夜深人靜 call 妳出來，妳滿心歡喜在他眼中像盼得龍寵，化妝更衣代表妃子侍寢前沐浴淨身，接妳的 BMW 是鳳鸞春恩車，啪啪啪當然就是與龍共舞，只

是妳不會就此當上正宮，只會婊姊妹愈來愈多，而他的也不是什麼雨露，沾了衰洨不但愛情難以出運，連走路都可能跌跤。

仰慕者永遠不嫌少，最好是愈多於好，因為利於提高身價

捫心自問，妳對他一定是有某種程度的好感，但如果沒有他若有似無的撩撥，妳也不會陷得這麼深，還自欺欺人說他也是一往情深，只是還沒準備好，或兩人的正緣還沒到。

噢！親愛的，當妳開始這麼想的時候，妳已經走入對方處心安排的圈套之中。

男人給出希望，女人才會心甘情願死心塌地，就跟搞直銷一樣，上線跟下線宣揚有夢最美，鼓吹只要加入就有機會賺大錢，於是大家紛紛跟進，覺得看到無窮希望，但實際上成功機會非常渺茫，就算有好處也輪不到下線，因為他們只是幫忙抬轎的犧

牲打。

這種爛人也把自己當花，女人好比圍繞飛舞的蝴蝶（well，其實他是屎，妳賴著不走，就可能是蛆或蒼蠅）。他一個都不想放，因為有人迷戀的東西才顯得有價值。而妳還跟他糾纏至今到底是為了什麼？是真的有那麼喜歡那麼愛？還是只是因為不甘心？如果是前者，試問，妳甘於自己的愛淪於他自抬身價的籌碼嗎？如果是後者，那奉勸妳別跟個爛人過不去，如果緊握在手裡的是糞土，趕快拋下才有機會找到黃金。

男人跟女人搞曖昧，卻不願給出承諾的藉口有很多：我太忙，怕沒時間陪妳／我想專心衝刺事業／我還沒準備好踏進下一個關係之中……。但說穿了理由只有一個：**他就是沒那麼愛妳，所以他還不打算「跟妳」定下來**。所以他還在看、還在挑、還在觀望，造成身邊紅粉知己一堆。既然他沒那麼愛，就不值得妳全心投入，如果做得到，妳其實也可以如法炮製，多看多交多約會，反正大家都是「友達以上，戀人未滿」的普通朋友。

反正，如此糾結下去，不但無法獲得對方的愛，恐怕連尊嚴都一併流失，因為他只會覺得是妳死皮賴臉勾勾迪，還將妳的存在視為理所當然。切記，在愛情的世界裡，沒有任何人能強迫妳留下來，除非是妳自己不想走，也沒有任何人能夠囚禁妳，除非妳先放棄自由。

他是「暖男」還是「中央空調」？

隨著韓劇的流行，「暖男」這個名詞也漸漸火紅起來。何謂「暖男」？總的來說就是對女生細心體貼、願意聽妳訴苦，和妳情感交流，溫暖如冬日陽光的清新男子。就因為暖男的形象溫文儒雅，他們給女生的感覺幾乎不具攻擊性，算是名副其實的草食系動物，所以更容易令人卸下防備，而在偶像劇裡，暖男也大多是女主角的閨密，總是為她默默守候，悉心照顧，無怨無悔成為她的陽光、空氣、水，給予厚實的肩膀依靠，讓看戲的我們都嚮往在現實生活和大仁哥共譜戀曲。

說巧不巧，朋友小珠最近還真交了個李大仁，兩人剛正式變成男女朋友，那天約出來喝咖啡，我忍不住問她這三個月來的暖男開箱體驗文，只見她一臉洋溢著幸福說：「他很sweet，不但不大男人，還超級貼心，比我上一任好太多」「哦？怎麼說？」我非常好奇。「像是生病會為我煲湯，生理期來會幫忙跑腿買衛生棉，還不忘送上一杯熱巧克力，總是呵護得無微不至，也超級體貼。」正當我要鼓掌喝采，她話鋒突然一轉：「不過我發覺他對女生好像都這樣，無論對方是誰，他的溫柔都是一路走來始終如一，別人經痛他同樣遞上熱水袋，女同事下班也會來個溫馨接送情……不過誰教他是暖男呢，是吧？」哇咧！聽到這裡，我整個很想一巴掌把朋友呼醒。

也許「溫暖」是暖男的最佳寫照，但一旦跟妳交往，再怎麼暖，他的熱情也應該只准妳一人享有。雖然欣西亞在前頭把暖男比喻為冬天裡的陽光，但並不代表他就有責任普照大地，更別說滋養萬物，還順便提供能量讓別的花花草草行光合作用了！他的愛必須唯妳專屬，他的關心只有妳才能享受，對別人的存在不但視而不見還冷若冰霜，這才是名副其實的暖男，否則每個妹他都一視同仁的關愛，對她們的要求也都有求必應，私底下還迫不及待暖心暖手暖身體，那……很抱歉，他實在稱不上什麼暖男，充其量只不過是台「中央空調」而已。

尤其暖男有著無傷的外貌和個性，容易教女生失去戒心，披著羊皮的禽獸就常拿來作為「扮豬吃老虎」的手段，請姊妹們不可不防。我就聽說過有些偽暖男，明明自己有女朋友了，但還是很喜歡發揮花心古道熱腸的天性去關懷身旁的異性朋友，時不時的溫情談心，加上好幾次的溫馨接送，好傻好天真的女生還覺得這是暖男特有的行徑，不但不需要防，也沒啥好大驚小怪，結果好了唄？久而久之攻其不備，等驚覺落入陷阱，已經是空調哥的小三、甚至小四了（囧）。

「妳是瘋了嗎？什麼叫做『誰教他是暖男』？那又怎樣？」場景拉回咖啡館，我邊說邊白了小珠很多眼，「啊他天生就是溫柔體貼，擅長關心別人也是他的個性，哎！妳該不會覺得他跟其他女生有什麼吧？我是不覺得啦……」她開始有些心虛，情急地嚷嚷，我相信小珠自己也嗅出一些端倪，只不過還沒準備好要面對現實，所以還在自欺欺人。看到這裡，為了不潑她冷水，老娘只能深呼吸，試圖按耐在胸口快燃起的火焰，老實講，就是有這種喜歡睜一隻眼，閉一隻眼，對事實編造合理說辭，企圖幫另一半自圓其說的女人，兩性間的問題才會這麼多。我悄悄嘆了一口氣，嘴角勉強擠出陳柏霖的招牌燦爛笑容，說：「親愛的，妳開心就好」。事實證明，不出半年，小珠的戀情就因為男友劈腿宣告終結，所以，**親愛的，對方再怎麼暖男，他的熱情和殷勤應該只給妳一個人，否則也不過是台24小時運轉的中央空調，是花心大蘿蔔無誤**，切記，切記啊！

有肩膀又能依靠的男人

在PTT女版看見有人發問：「什麼樣的男人算是有肩膀的男人？」結果鄉民神回：「有事你扛、有錢你出、跟你媽吵架我要贏」，答案不但被推最中肯，也讓欣西亞笑彎了腰。仔細研究其中奧妙，我著實感受到身為男人的辛苦，在以前，大家眼中值得依靠的肩膀，答案不外乎是「錢多多」，因為有錢不但好辦事，還能帶給女人十足的安全感。現在可不同了，不但要有能力出錢，還要願意負責任扛事情，最後老婆跟老媽吵架還得確保是枕邊人贏……哇咧！如果天底下真有如此完美的男人，請介紹給我認識，老娘要親自鑑定。

然而，針對以上說法，乍聽之下很完美，但我認為都只說對了一半，以下是欣西亞的補充版，看看具備怎樣條件的男人才算有肩膀，值得依靠，也值得我們投資？在這裡分享給各位當作參考，免得妳用大把青春歲月下了注，等開盤才發現對方詐賭，賠了夫人又折兵，搞得人財兩失。

妳的事他都扛，但不是狗屁倒灶大小事都蹚渾水

鄉民口中的「有事你扛」這句話，我認為必須說的更精確，是：關於妳的事，或是妳在意的事，他都一定肩負，但絕不是任何狗屁倒灶、不分大小的事他都蹚渾水。

有些男人，常以天下為己任，人飢己飢，人溺己溺，親戚生病，他煲湯、送補品，還

主動當起看護，公司財務發生困難，他二話不說簽字做人頭擔保，連女同事未婚懷孕，他也一起幫忙找出孩子的爹到底是誰。以上的事，都叫「有事」，嚴格分析，似乎都「不關他的事」，認真計較起來，妳會希望他別沾別碰，因為實在干妳屁事？**有事他都扛，這不叫有肩膀，叫雞婆**，而這樣的濫好人，根本同等於爛男人。

有錢他出，但不是什麼錢都他掏腰包，而且還會先知會妳

兄弟要錢做生意，他出錢幫忙投資，朋友業務週轉不靈，商借後他掏腰包應急，全家族要去北海道旅行，他二話不說立刻刷卡付清……以上，都是出錢，就算老公事業做很大月入數十萬，妳受得了他這樣大手筆的開開開嗎？**Hell NO!**（搖食指）男人有能力出錢，我們自然為他驕傲，也為他高興，但世間上有些錢坑是無底洞來著，就算一開始不是無底洞，男人出錢太乾脆，出手太豪邁，就養出貪婪的人性，然後造就

他人的一而再，再而三。所以，有肩膀的男人會出錢，但他知道該出什麼樣的錢，而且掏錢之前，他一定先知會妳，更好的，還會徵求妳的同意，那才是真正的有擔當。

「跟你媽吵我要贏」小姐，別做夢了！他私底下給妳呼呼就該謝天了

女人別肖想取代老媽在男人心目中的地位，因為永遠不可能，吃果子要拜樹頭，素了LP，好歹也要讓人家老母三分，否則豈不是忘恩負義？有朝一日妳也會生兒育女，將心比心，若兒子跟著媳婦一鼻孔出氣，想必妳也會心酸地大罵孩兒不孝吧？面對兩個女人的戰爭，再有肩膀的男人都知道別插手來個明哲保身，如果他明理，私底下會給妳呼呼，知道妳為他受委屈，他一定加倍用愛來彌補。**有智慧的女人更能造就值得依靠的男人，妳願意讓步，有慧根的男人沒理由不進步。**

兩性要和諧相處，「體諒」和「互相」是關鍵。光要男人有肩膀，女人也該問問自己是否也有擔當能讓對方依靠？沒有人永遠是天，也沒有人的狀況永遠都好。**當男人的胸膛不再厚實，女人就該張開手臂做他的後盾；當男人失意了，女人就該當他的翅膀；當男人沒有意氣風發，女人就該給予支持。**互相扶持，不離不棄，愛才能恆久而無堅不摧。

專欄★聽聽Shane怎麼說

男人不壞，女人不愛？

自從欣西亞在網路上寫文章以來，她就常常跟我討論「男人不壞，女人不愛」這個概念，她覺得男人太好，對女人來說就不具備吸引力。以美國的文化來說，說一個男人He's a nice guy. 有些時候也不一定是件好事，因為用「人很好」來形容一個男生，意味著：他沒什麼個性，別人說什麼，他就做什麼，常被牽著鼻子走。而如果問一個女生「What do you think of Shane?」，她回答：「Umm…, he's nice.」這種遲疑式的回答，基本上代表我沒魅力、不性感，然後她對我實在沒・興・趣（登愣！）聽到的話我真的會想去撞牆，好在到目前為止還沒被這麼「稱讚」過（撥瀏海）。

相較之下，「壞男人」似乎就吃香許多，他就像天然的磁鐵，所到之處都會有女人被吸引過來。不過，我認為這個壞不是當混蛋，或是being an asshole，而是懂得保持距離，讓人捉摸不定，無法被一眼看穿。因此，更準確的說，不是「男人不壞，女人不愛」，反倒是「男人不神祕，女人就不會有興趣」。

無論是男生女生，在兩性相處裡都必須具備這種「神祕感」，因為這三個字會引發人的好奇心，有了進而探索的念頭，才會產生動機追求。倘若你的心思很容易掌握，行為很容易預知，一點挑戰性也沒有，總是輕易被破關，就被怪愛情來得快去得也快，誰教你too easy呢？

所以，想提升魅力，就要先懂得保持神祕，如果是男生，除了對心儀的另一半釋出好感，小動作頻頻展開追求，也要適時收回行動，靜觀其變。如果是女生，對於喜歡的對象，請切記欲擒故縱，play hard to get，當他覺得妳愈難得到，就會對妳愈有興趣。不要當毫無溫度的自來水，忽冷忽熱的三溫暖，教人洗起來才更為痛快。

如果兩人進行交往，也別忘要像3C產品日新月異，將自我不斷升級，只有不斷推陳出新，才能確保自己不被愛情市場給淘汰。跟欣西亞結婚的十二年中，我常覺得她就像顆洋蔥，剝完這一層還有下一層，雖然過程辛辣得令我眼淚直流，卻也是愈剝愈過癮，令人欲罷不能。我也希望自己就像她文章裡常寫到的「健達出奇蛋」，妙趣橫生，永遠帶給她surprise。

最後，來個貼心提醒，神祕感使用上不能過量，總要先丟個線頭給對方，他才會尋著暗示找答案，否則mystery（神祕）變成misery（一場悲劇），那就物極必反啦！

CHAPTER 2

× 談女人

外頭的野女人，總讓男友禽獸不如

前女友，背後靈

只要身為「女友」，就不免多少會在意對方的「前任」，症狀輕微的，頂多要男友把所有的情書、照片收進櫥櫃，埋藏在Ex-file（Ex，發音X，為英文「前任」的意思）最深處，來個眼不見為淨，只要他們兩個老死不相往來，倒也相安無事。症頭嚴重的，則是整天提高警覺，主動加入對方FB就是為了看清她的長相，緊盯她每個move，還三不五時纏著男友細說兩人從頭：怎麼認識的？為什麼分手？她個性怎麼樣？就像在聽鬼故事，妳又愛聽又愛怕，最後搞到半夜睡不著，眼睛一閉起來腦海就浮現他「前女友」的模樣，雖然沒有女鬼的青面獠牙，但她的清新可人竟還是像鬼魅般糾纏著妳，糾纏著妳。

前女友，說穿了就是死了八百年的人。既然人死不能復生，就算生前跟妳男友有過什麼轟轟烈烈，那也已是陰陽兩隔，人鬼殊途。糟就糟在有些在陽世交往中的女朋友，也許是生活太無聊，也許是女人先天愛比較的心態，成天挖對方的過去來嚇自己，知道的愈多，在意的就愈多。所以從長相比到身材，從身材再比到學歷，到後來男友以前送過前任什麼禮物、帶過前任去哪裡玩通通都要比，輸了就懷疑男朋友的愛，贏了又對自己沒信心，妳對前女友的執念和執著終於將她成功召喚出來，成了日夜干擾妳的心魔，也成了妳再也擺脫不了的背後靈。

鬼上身，日子一定不得安寧，更別說這魑魅魍魎是自個兒引來的，妳對前女友的吃醋、嫉妒成了和男友爭吵的導火線，他的真心妳鬼遮眼看不到，他的解釋妳又當鬼打牆聽不進，疑神疑鬼的結果就是把床單看成阿飄，或誤以為他們舊情復燃在上頭滾，最後鬧到分手就大罵是前女友害的，殊不知這一切都是妳神經病發作，不然為什麼這鬼只有妳看得到？事實上，鬼其實不存在，最大的敵人就是自己，想擺脫前女友背後靈的糾纏，我只能送妳三個字：let it go。放下庸人自擾，才能立地成佛。

然而，有些女朋友一身正氣，雖沒招致背後靈的騷擾，但前女友卻想來個敗部復活，透過FB或通訊軟體對男朋友伸出魔爪，想來個活人生吃，再進一步附身他的雞雞，企圖藉由龜頭操控他的愛情。這時候我們就要效法林正英斬妖除魔，有道是：Keep your friends close and keep your enemies closer.（拉近妳的朋友，更拉近妳的敵人）。既然妳和她都睡過同個男人，也算是遠房親戚婊姊妹，當起姊妹淘也不為過，大方加入他們的飯局，多了解她的喜好和興趣，知己知彼，才能百戰百勝，但如果男友意志不堅，有著寧采臣的多情，而妳喝符水、灑狗血、斬桃花等方式都已用盡，我看妳就讓他被女鬼抓交替帶走吧！愛舊情綿綿的臭男人不要也罷。

前女友，雖說是人見人怕的背後靈，但說到底，我相信她終究是邪不勝正的。只要妳和另一半兩人同心，真金不怕火煉，更何況是小小妖孽，想必也不是你們的對手。最後，希望大家都選擇做堂堂正正的人，也別當不見天日的冤魂，假若某一天妳和他分手了，希望妳大器地祝他幸福，而不是執著於同一個人，反而化身別人的背後靈，成了永世不得超生的孤魂野鬼。

「歡迎光臨my縫」

不曉得從什麼時候開始，「歡迎光臨my縫」成了一句頗熱燒的廣告詞，電信業者在客人踏進門市嘴巴一定先來一句；在夜店酒吧，女人和男人大打八二三炮戰的同時也琅琅上口，打開鮑魚說亮話的程度，完全是「不怕你來，就怕你玩不完」的司呆魯。

時代不斷進步，兩性平等意識抬頭，既然男人可以，女人也行，於是愈來愈多女生對下體經營趨於便民，有人是「歡迎光臨my縫」，也有人是「always open，7-11」，一夜情對她們來說司空見慣。今天睡小鮮肉，明天睡型男大叔，永遠記不清誰是誰的哪一根，老二就跟衛生棉條一樣用完就丟，前者是帶來幾小時的歡愉，後者是帶來幾天不滲漏的安全感，雖頗有異曲同工之妙，但效果都不長久，抽出後，放不開的人，如同月經週而復始，寂寞依舊寂寞……

坦白講，對下體採取怎樣的經營模式本來就屬個人自由，反正鮑魚女生都有，只是各有巧妙不同，要當成營利事業、公益組織還是私人招待所都輪不到旁人碎嘴（然而營利事業是違法的，所以警察能干涉取締），雖然總無法避免被靠夭說下賤淫蕩，但我認為：妳的身體妳作主，要施行鎖國政策還是門戶洞開，本土化還是國際化，會員制還是全民制，都悉聽尊便，主人開心就好。只要妳很清楚自己在幹嘛，歡迎光臨my縫只是找樂子，就像有朋自遠方來，來了就以修泥（日文いっしょに的發音，一起的意思）不亦樂乎，安全措施做到滴精不漏，結束後內心也沒有曲終人散的悵然，那恭喜！妳確實很有資格玩。

但有些女生並非如此，她們常自以為上床只是have fun，結果到頭來睡一個愛一個搞得自己很funny（好笑），或是為了滿足談戀愛或被愛的渴望，所以把下體當成24小時營業的Wellcome，性愛成了填補空虛的手段，齋齋（英文vagina，我給陰道的暱稱）不停跟老二在刷卡，這種動機簡直比台哥大的收訊還糟糕。坦白講，one night stand就像用葵花油炒青菜，必須輕鬆無負擔。既然如此，純粹用胯下辦事是王道，不談情、不說愛、不耍心機，目的除了高潮還是高潮，吃飽喝足就收工，如果有情感上的牽扯，那就不能稱之一夜情，而是多情總被無情傷了。

還有些女人喜歡把「歡迎光臨my縫」視為卡內基課程，她們用炮友人數增進信心，用一夜情次數自我肯定，把性經驗當做周年慶業績來衝，愈多男人光顧自我感覺愈好，洋洋得意，走路有風。殊不知勃起射精很多時候並不代表什麼，也不能跟女人性感美麗畫上等號，如果真的想潛能開發，還不如充實腦袋瓜的知識更加實在。說穿了，陽具畢竟不是幫浦，就算插入，也無法咻！咻！咻！地飽滿妳缺乏的自信。

提得起，放得下的女人最有魅力。就像美國影集《慾望城市》（Sex And The City）中的慾女代表莎曼珊（Samantha Jones），大多數的人對她欽佩羨慕，是因為她不但勇於 be myself，也真的能做到性愛分離，不會嘴巴上說只是炮友，結果心裡肖想的全是女朋友。因此，如果妳對下體採取的是我家就是你家，「歡迎光臨 my縫」政策，請務必要心口合一，不要講一套做一套，欺騙別人也欺騙自己。無論如何，出去玩，希望大家都要注意性愛安全，並懂得保護自己，沒做好防護措施，玩出人命或染上性病都是超級掉漆的行為，安全上路，才能平安回家。

三人行，必有婊子

孔子說：「三人行，必有我師」。意思是我們必定能從別人身上學習到長處，看到缺點也能自我警惕加以改進，因此路人甲乙丙都是我們的老師。然而孔老夫子畢竟是古人，無法體會現今社會的混亂和男女關係的複雜，「三人行」早已演變成「性愛三P」的代名詞，還管他什麼「擇其善者而從之，其不善者而改之」咧？對於三P的王道，當然是「選你們所愛，上你們所選」才對。

不過這「三人行」若只類歸於床上的三P也未免太狹隘，畢竟不是每對情侶都願意施行，在這裡欣西亞想把它說得廣泛點，如果把這三個人說成妳、男友和姊妹淘，那大家會擦出怎樣的火花？

許多女孩子很愛和姊妹淘「一緒に」（いっしょに，發音「以修泥」，在一起的意思）。小時候要一起上廁所，長大了要一起逛街，戀愛要一起談心，連交男朋友都會迫不及待介紹，然後一起認識。一個是跟妳最交心的女人，一個則是妳最心愛的男人，於是他惹妳不開心需要她的指導，妳生日他買禮物需要她的建議，兩個妳最信任的人有彼此的 line 和 FB，她一直是男友談戀愛最好的軍師，妳也一直是他們聊天共同的話題。直到某一天，你們又吵架了，他滿腹委屈，不曉得該如何是好，這時候，他一如往常在第一時間跟妳的好姊妹求救，只是這一次，他開始對她吐苦水，希望妳不要總是這麼任性。或是，他對妳的愛憐和包容她全看在眼底，然後不知不覺產生了也想被疼惜的感覺……噢諾！這下別說你們會如何擦出燦爛的火花，說是「擦槍走火」

還比較恰當。

「三人行，必有婊子」也許聽起來很聳動。但是親愛的，光是「同性相斥，異性相吸」的磁石道理，不想莫名奇妙變成受害者，很多事情請妳不可不慎。把另一半介紹給姊妹淘認識沒有錯，錯就錯在妳太放心讓他們私下聯絡，或常放任他們單獨一起，譬如她感情觸礁妳非要男友幫忙開導，或總是拜託老公順道去她家拿東西，這些最好少做為妙。前者是當男人在女人低潮時給予安慰，無形中就成了她心靈上想依靠的對象，而男生對女生遭遇挫折加油的方式，往往是在生理上插入打氣（囧）；後者則是孤男寡女共處一室，就算只有一分鐘，也是六十秒天雷勾動地火的機會。愛情已經像蛋殼般脆弱，多些裂痕並不會入味，而是加速它的瓦解。所以別自己找麻煩，她當妳的ＢＦＦ（Best friend forever）就好，不要慷慨到分另一半用，否則一不小心好姊妹變婊姊妹，閨中密友成了他的閨中炮友，妳的手帕交竟然在幫他手交，教人情何以堪？

不得不說，「另一半跟好朋友搞在一起」真的是人世間最難的事，因為一夕之間愛情、友情幾乎都落空，無論妳原諒誰或選擇哪一邊，彼此都會有心結。

欣西亞的建議是，為了避免在傷口上撒鹽，兩個都別聯絡，先讓自己放空一陣子，「路遙知馬力，日久見人心」，時間不但是我們療傷最好的藥，也是讓我們看清別人最好的工具，誰才是真正的朋友？誰才是最好的情人？如果現在沒有答案，那就擺爛，沒必要為了抉擇又痛苦一次。

無論如何，一個巴掌拍不響，既然渣男配婊子極好，那就讓他們好去，至少我們沒讓狗男女繼續浪費自己的人生，也算是不幸中之大幸。

原來妳只是男人開箱體驗文

自從寫文章以來，本人就很常上「靠北性事」的FB找尋靈感，裡頭的性愛問題千奇百怪，似乎關起門來大家都有自己的OS，性福不性福，高潮不高潮，射得爽不爽，只能說：「如人吞精，冷暖自知。」（喂！）

就在某天，有則PO文吸引了我的目光：我今年剛滿二十，十四歲就破處了，起步算早所以熟悉許多招式，因此很多男人（無論是有女友或有老婆的）不但很喜歡跟我做，還一次就上癮，至今還沒碰到不喜歡跟我做愛的，想在這裡奉勸各位女人，性愛技巧真的很重要，妳不專精就會被淘汰，所以不要再問說為什麼男人會跑了，自己不夠優秀，怪得了誰？

哇靠！這實在太嗆了，年輕女孩兒都是這樣想嗎？阿姊我背都溼惹。不知道從什麼時候開始，「男人都愛跟我上床」成了某些年輕美眉炫耀的點，她們覺得這表示我異性緣很好，很吃得開，也算證明自己是個正妹，系上學分沒修過無所謂，只要sex經驗值高就好，精通十八招比腦袋裡的知識有用，反正男人就愛吃這套。是說行行出狀元，有一技在身是好事，但男人喜歡跟妳做愛，他們是真的喜歡？還是另有原因？

相信大家都有聽過部落格行銷吧？廠商找知名部落客合作，提供免錢的試用品，再請寫一篇開箱體驗文，然而付錢的是大爺，拿人手短的部落客再怎麼不滿意產品表現，也得配合說出違心之論，謊稱東西有多麼多麼好用。以性愛這個市場來說，有需求就會有供給，所以才有八大行業的出現，如果現在妳（＝廠商）願意提供自家的鮑魚（＝產品），免費提供男人（＝部落客）試用，還在接洽的 **email** 裡大放厥詞：

安安你好：

本公司的電動北極鮑外觀漂亮，「性」能良好，無需浪費時間暖機，說 on 就 on，還內建多功能如：1～40段變速，媲美登山腳踏車，無論在基礎傳教士或狗趴式衝刺都能讓您騎得虎虎生風，也能不費吹灰之力就享受每秒 180 下的高速震動，而且全程採取人工智慧感應，不但能調節到最符合閣下人體工學的姿勢，花招也絕對不會千篇一律，不但讓老二輕易達到高潮，還保證是火樹銀花的激烈高潮。得知您經營淫海多年，想提供本產品讓您無料打炮，之後再依照使用心得發篇開箱文，並同步發表在您臉書粉專，不曉得是否有合作的可能？

謝謝。

這麼好康欸代誌，又碰到愛貪小便宜的死老百姓，不立刻爬上妳的床接案根本對不起自己。再者，開箱體驗完他也沒有部落客交稿的壓力，大可拍拍屁股輕鬆走人，用得爽就道相報，在FB幫忙宣傳：「看誰餓可以順便吃一下！」用沒很爽就當呷粗飽，但還是會在FB說嘴：「看誰餓還是可以順便吃一下……」或是，有的男人就是賤，炮都打免錢了還是要在嘴巴上嫌個兩句，說妳cheap、妳easy、妳slutty（淫蕩）。好在他不會說給妳聽，而是在兄弟前碎嘴，而既然是妳自願當普渡眾生的白米，當然就得忍耐一種米養百樣人的心酸。

男人喜歡跟妳做，有時候不是因為女人真的那麼正那麼性感，是因為妳免費，不但免費，還只是男人「開箱體驗」的試用包，連贈品都不如，因為贈品對方還願意帶回家供著，試用包則是用過就淘汰。也許妳會辯駁：「大賣場的試吃品有人願意排隊吃第二次或第三次呢！」但說穿了，反正不用錢，老子又正好餓了，乾脆就湊合湊合塞塞牙縫，正好省一餐，也許他們在試吃的時候覺得味道特別新鮮，那畢竟是「青春欸肉體」的風味，保鮮期過了還是會腐敗臭酸，一樣被當成廚餘扔進垃圾桶。

所以還是充實內在最為實際，只有把自己當成貨真價實的高級品，真正買得起、欣賞妳的人才會出現。女人，永遠要懂得以身價制量，而不走薄利多銷，才更有機會碰上有質感的愛情。

忘不了舊愛

有些女生網友會用FB私信欣西亞說：「現在交往的對象很好，但我就是無法忘懷某個男生（或某任情人），會在午夜夢迴偷偷想他，甚至忍不住搜尋近況，這樣的我，就算跟男友步入禮堂，似乎也無法真的幸福……」

嗯，每當看到這樣的訊息，我也不免心有戚戚焉，還記得當初認識Shane卻又愛他愛不著，出去聯誼，我想他，跟別人搞曖昧，我思念他的模樣，就連走在路上，空氣中不曉得從哪裡飄來他慣用的古龍水味，都能教人像遭受雷擊般，讓腦海中Shane的畫面迅速定格。對於如此的情況，我不能說是想起，因為從來就未曾忘記。

忘不了舊愛其實跟「鬼上身」的症頭差不多，鬼不但如影隨行糾纏妳的心，而且還只有妳看得到，因為妳總是能在茫茫人海中忽然瞥見他的身影、在車陣中看見和他一樣的車款，發現和他抽類似菸的人……

雖然戀情已逝，這些卻足已教妳心頭一驚，明明兩人是陰陽兩隔般毫無相干，但妳心裡仍舊有千軍萬馬般的情緒，能感受他的存在，因而不知所措、心慌意亂。最後，這惡鬼伸出魔爪控制妳，讓人做出對自己不利，甚至自虐的行為：開始沒來由跟男友爭吵，或為了填補空虛隨便上床……感情愈走愈不順，兩性關係亂七八糟。忘不了舊愛，確實就像鬼上身，教女人在愛情世界裡厄運連連。

那，怎麼辦？

第一個方法是放下心中的掛念，讓舊愛超脫成佛

就像「人死不能復生」，無論如何，妳跟他的緣分已經走到盡頭，如果當時沒搶

救成功，以現在死透了的局面，再挖墳開棺，得到的恐怕也只是一具沒有心跳熱度的白骨，就算鼓起勇氣面對，很可能只會換來對方冰冷的白眼。《般若波羅蜜多心經》說：心無罣礙，無罣礙故，無有恐怖，究竟涅槃。因此，如果想脫離男女情愛的折磨，不想舊愛變成牛鬼蛇神來騷擾，妳所能做的就是從執念中放下，如此一來，往日的戀人才會真正得以超脫，接下來的戀情才可能立地成佛，修成正果。

第二個方法就是用正面交鋒的方式，驅魔

舊情人法力太強大，無時無刻瘋狂占據妳的心智和思想，像抓交替一樣企圖把妳拖進萬劫不復的世界，讓愛情永世不得超生。這時候，妳必須學電影「大法師」的梅林神父，和惡魔面對面，來個正面交鋒。約他出來，誠實坦率地告訴對方：「我至今對你還是難以忘懷……」無論結果是他面露欣喜的回答：「〇〇〇，其實我也是，我

一直無法忘記妳……」（嗯嗯，機率只有0.0000001%），還是妳發覺自己根本是拿熱臉貼冷屁股&自取其辱，在吐露心聲的同時，妳的執著一定也跟著釋然……因為，根據欣西亞本身的經驗，後者發生的機率高達99.9999999趴，見笑轉生氣的力量很強大，憤怒會使妳毅然決然徹底忘記他，魂牽夢縈迅速煙消雲散。這招「跑回去跟舊情人告白」的驅魔成功度幾乎百分之百，除非他跳tone說：「但我有女朋友了，不過妳可以當小三。」而妳真的鬼遮眼＋鬼迷心竅的say YES（哇哩咧！*#@%&@$）。

人雖然多是喜新厭舊的生物，但念舊也在所難免，然而別一昧覺得「錯過的最美，得不到的最好」，因為那倒未必。很多時候，舊愛事實上可沒那麼優秀，只是我們想他的好想得發狂，將他的優點過度膨脹罷了。如果回頭，兩個人又走在一起，也許妳會恍然大悟：天哪！我想起來為何當初我們會分手／沒在一起了！

這下，還真是引鬼上身了吧？

沾上「哀泣」，愛情就帶塞

男女上床總跟「射精」脫不了干系。這個動作，就生物上來說，雖然具備傳宗接代的功能，但在欣西亞眼裡，因為是從男人的體內噴發出來，我覺得它多少像大小便或排汗一樣。所以做愛又稱為床上運動，因為不但能燃燒卡路里，還能產生腦內啡，使人心情愉悅，射後將身體裡頭的垃圾污垢一股腦排出，自然神清氣爽。所以就算有些人宣稱精液營養價值很高（事實證明並非如此），不但吞還可以敷，養顏美容的功能不在話下，但如果不想玩出人命，我覺得射進去的壞處多過好處，個人認為還是少碰為妙。

古裝劇甄嬛傳裡，人人尊稱皇帝的精液為「雨露」，那是因為與龍共舞後有機會懷上龍種，無論是弄璋還是弄瓦之喜，都能幫助鞏固宮中地位，沾了的妃子可望飛黃騰達、一舉出頭。因此，受寵的、不受寵的，有被翻牌、沒被翻牌的，人人都肖想要能分到皇上那一杯羹，因為那乳白色的瓊漿玉液代表著榮華富貴，承寵後一生吃穿不愁。帝王的洨是雨露，那是因為他坐擁天下，是一國之君，大權在握；但在現代，就算是總統，光是左右手大家都避之唯恐不及，更別說他的排遺有多麼尊爵霸氣，總統都落得這樣的下場，那一般死老百姓的出汁……咳咳！恐怕更是平凡的不能再平凡。

不過別擔心，俗話說：平淡就是福，如果我們平時來往的是正人君子，交友不複雜不花俏，對女生不會藉機揩油亂搞曖昧，他的屌也是中規中矩、慎選朋友，不至於整天跟狐群狗黨廝混一氣，還特別講求養生之道，平時酷愛運動健身，不菸不酒，對吃的喝的還十分講究，那麼洨也會如同雨後鮮草上的水珠或清晨嫩葉上的露珠，清新可人，拿來泡茶喉嚨都會回甘。但如果妳碰上的是遊戲人間，又用情不專的妖魔鬼怪，總把自己的老二當萬能鎖，酷愛開良家婦女的戶頭，或是像寄居蟹一樣逢洞就鑽，上樑不正下樑歪的結果就是：屌不乾淨連洨都拉撒鬼尼尼（台語：髒兮兮之意），若妳沾了、吞了或被射進去，愛情難以出運，兩性關係更無法一片光明。因為，它就是名副其實的「衰洨」，碰多久就倒霉多久，無論拜月老還是求姻緣都沒路用。

「衰洨」之所以衰，是因為製造者本身就是社會亂源或髒東西來著，喜歡跟妳還有其他女人牽扯不清，搞曖昧、認乾妹、培養炮友是他的興趣。跟這種禽獸糾纏，首當其衝就是不用保險套得到性病的機率最高，下體變開心農場菜花大豐收，其次是他擅長占著茅坑不拉屎，妳被他牽拖住，卡卡的不上不下整個「帶塞」，要認識好男人更不可能，不要好傻好天真以為自己可以守得雲開見月明，他都把妳當茅坑了，是間廁所來著，又怎麼可能會入厝？結論是鬼遮眼、視人不清的戀情，只會讓妳愈掙扎愈走不出，爛桃花永遠都在鬼打牆。

讓自己愛情運 up up 的唯一方法就是：急急如律令，先徹底擺脫「衰洨」的糾纏，並施行三不政策：不沾、不碰、不內射。只有遠離和衰鬼性器相投，齋齋才有機會撥雲見日，下體一旦開光，妳才會耳聰目明走路有風。所以，請不要再哭天問為什麼愛情之路走得如此坎坷，捫心自問來往的對象是不是渣男、畜生類的邪門歪道？除了妳以外，他有沒有老是對其他女生放電或毛手毛腳？更重要的，他的屌乾不乾淨，還是總是被妳發現在各下體衝洞來衝洞去，偷吃常被抓包？也許就是因為妳目珠勾到蛤仔肉，一直受到「衰洨」的荼毒，愛情才會無法出運。最後，如果沾上的是衰洨，請鼓起勇氣迅速離開，否則，明明知道碰的是衰洨卻沒 guts 擺脫它，那才是真的豪洨惹。

女人故意被撿屍的心態

近年來電視常有播報女人跑趴或去clubbing，幾杯黃湯下肚後就被當屍體撿走的社會新聞，孰不知有些人對這樣的發展可是心甘情願默默接受的。老實講，當欣西亞知道時頗為訝異：「怎麼可能會有女生想要這樣？」但身旁常混夜店的姊妹淘舉證歷歷，說總是親眼看見妹把自己灌醉（或是裝醉）然後任人宰割。也只能說天下之大，任何事都無奇不有。既然如此，今天我就來討論一下女人故意被撿屍的心態，讓大家參考參考。

姊空虛寂寞覺得冷，把自己灌醉好辦事

有些女人想玩一夜情，卻又害怕輿論壓力，擔心玩了被批評行為不正經，所以出此下策，一不做二不休用酒精把自己灌醉，反正接下來出什麼亂子或上演什麼脫序的行為皆不干老娘的事，因為醉了茫了意識不清了，所以可以「眼一閉呀腿一開」，就算對方在身上「爬呀爬呀過沙河」，我也只能兩手一攤。哥能藉酒裝瘋，姊就能藉酒發浪；爺是藉酒壯膽，娘就是藉酒無力抵抗，機會難得欲擒從速，歐巴你還等什麼？趕快用高潮帶我離開地球表面！

「夭鬼假細禮」講的差不多就是這種人。尤其遇到這種「被占便宜」的鳥事，大夥安慰都來不及了，沒人會落井下石，若誰敢碎嘴，當事人便皺眉嬌嗔：「那是因為我喝多了，有沒有同理心啊！」然而在「受害者」大呼倒楣的同時，不但沒見她報警，

週末竟又在FB看到她在某某酒吧舊地重遊，說穿了就是姊空虛寂寞覺得冷，把自己灌醉好辦事。不過我說小姐，妳鋪梗也鋪得太辛苦了些，想做愛用約炮軟體直接找真的比較快，還不用花酒水錢唷啾咪！

故意設計仙人跳，不用錢的果然最貴

當屍體給撿了，該被揩的油也揩了，接下來就是索取遮羞費的時候惹。有些女人恐怕是玫瑰瞳鈴眼看太多，異想天開覺得自己也能如法炮製，所以每晚穿得妖嬌美麗的出去狩獵，然後等王八冤大頭上勾。酒量其實不差，但通常一罐啤酒或一杯柯夢波丹就開始東倒西歪，演起「侍兒扶起嬌無力」，男人看她神志不清有機可乘，其實伊人清醒得很，裝不醒人事但眼睛還在偷瞄，看看對方的家當放在哪兒啦，生殖器有沒有入珠啦……巴拉巴拉。等完事的那個moment，她要不偷偷幹走皮夾讓男人人財兩失，不然就威脅說你占我便宜要負責到底，否則就公布下體特徵。奉勸想撿屍的男士夜路不可行，因為走多了不但碰到鬼，撿到的還可能是蕭查某等級的喪屍。

老實講，如果女人故意被撿屍是怕冷風吹進我的洞，所以灌醉自己才好找溫熱的胴體快活，我實在覺得大可不必！如果想一夜情或到處睡，就正大光明去做，不要遮遮掩掩，或擔心招致別人的流言蜚語。如果有顧慮，怕被說，就表示妳根本沒準備好。把自己灌醉然後鼓勵男人乘人之危，是最下三濫的手段。想要設計仙人跳的也很不可取，妳不是警察，也不是正義的化身，想處罰那些撿屍的壞男人還輪不到妳出手，用這樣的方式招搖撞騙，已經是犯法的行為。

最後，我必須強調，並非全數上夜店喝醉酒的女人都是這種心態，只是少數族群如此。俗話說：害人之心不可有，防人之心不可無。欣西亞當然希望沒有女人被當作屍體撿走，也不希望男人隨便亂撿撿到喪屍（啊又不是在演 Walking Dead），男子漢不會趁人之危；女子漢不會趁火打劫，兩性相處本來就要彼此尊重，互相保護，這世界才會和樂融融。

致那些「專吃小鮮肉」的姊

在這什麼都能混搭例如：性別、已婚未婚、爺孫配的戀愛世代，姊和小鮮肉，女大男小的搭配就更見怪不怪。根據欣西亞的觀察，社會上確實有一票熟女專挑少男談戀愛。小鮮肉大多是指剛出社會不久，甚至是還沒沾染到工商氣息的大學生，年齡落在二十到二十八歲不等，年輕，所以青春洋溢，體格健壯，膚質姣好，之所以「鮮」，是因為涉世未深，感情經驗淺薄，沒有熟男的世故和油條，只有單純的心思和熱情。

於是，有的姊在吃膩了頂叩叩（台：硬邦邦）之後，當然就想試試可愛，又富含膠原蛋白的Q歐歐（大家還記得Qoo的飲料吧？），反正呷幼齒顧目睭，偶爾換個口味也不錯。有些姊則是跟同年齡的男人交手多年都處於弱勢，屈居下風，累了，倦了，更傷了，於是轉戰青澀的底迪。對方在愛情和工作上經驗值低，自己較為年長，在能給予許多教導和意見下，不但能享受到「一家之主」的領袖風範，也不會有壓迫感，更容易掌握主導權，在普遍還存有大男人氣息的台灣社會，這確實也教女人躍躍欲試。

雖說年齡不是距離，愛上了就是愛上了，但在一頭熱地和瀧澤秀明演出「美魔女的條件」之前，有些實際面妳還是得考量。畢竟，年輕少女有的是本錢被愛情沖昏頭，我們這種「姊」字輩的，還真的沒多少隻青春小鳥可以浪費。

第一要考慮的當然是旁人的觀感，放眼古今中外，女大男小的組合諸如當年的莉莉跟小鄭（如果妳不曉得這對，那根本就還不是熟女）、演藝圈的寶媽和汪建民，還有近期的伊能靜和汪峰，都是唱衰的多，祝福的少，因此心臟一定要比別人大顆。尤其當兩人手牽手走在路上，除非妳的顏值突破徐若瑄的level，或是他外表是個提早崩壞的青少年，否則難保不遭受路人關愛的眼光，更何況現在酸民到處都是，就算沒在路上遇到，他們也會用鍵盤來FB酸個兩句，這都可能讓妳的心情大受影響。

當然，旁人看好的也不是沒有，像是賈靜雯和修杰楷、大S和汪小菲，或是Jolin和錦榮。上述組合裡，男主角不是帥到翻掉就是多金，是個名副其實的good catch，足以教眾人閉嘴，女主角也各個是自信的代表。說穿了，假若妳選擇所愛，愛所選擇，自己開心，別人自然祝福，就不需要畏懼流言蜚語。

第二是男朋友待人處事再怎麼成熟，他畢竟還是個二十出頭的baby，而男人在另一半面前，心智成熟度還會再降低五至六歲，外人前他穩重懂事，結果私底下相處，幼稚跟任性全跑出來，講好聽是撒嬌，難聽點就是傲嬌，三不五時罵罵號，孩子氣在在挑戰女人的包容度，不然就是逼著沒懷過孕的妳為母則強。

第三則是難免落入英文裡的 sugar mommy。雖說也有少年得志的小鮮肉，但大部分的不是在學學生就是領22K，因此妳很可能必須捨棄牛排套餐或高級飯店的物質享受，或是心甘情願幫昂貴開銷買單。這部分剛開始還好，但久而久之心裡難免過不去，因為在男友出人頭地前，他花妳的錢就是比妳花他的多；除非妳願意坐在他摩托車後座一起去環島，然後生日大餐吃貴族世家。

最後，能不能修成正果也是一大考驗。年輕人定性不夠，結婚成家距離他們也很遙遠，就算妳願意等，卵子恐怕還會過期。不過現代科技發達，姊要生還怕沒有辦法？花點錢把卵子凍起來備用就是，只不過當初的小鮮肉是否還在？就要看彼此的愛堅不堅貞了。

在欣西亞眼裡，只要是真愛，哪怕是同性或是有年紀的差距，它都值得我們努力和用心經營，因此如果妳是戀上小鮮肉的姊，只要權衡輕重，並做好最佳準備，就儘管放手追求吧！別人不看好又怎樣？這是妳的人生，妳的幸福與這些碎嘴的人永遠不相干。只是在展開行動前我要貼心提醒：和未成年少男發生性關係，無論如何就是違法，請確定他已經吹了十八歲的蠟燭（注意！不是吹妳！）再做任何親密接觸，否則為此吃上官司，讓戀愛之路多了不可磨滅的汙點，實在得不償失。

假掰女，惡靈退散！

相信你我的身邊，都有「假掰女出沒」！所謂假掰，是因為她們言行不一，嘴巴上說的跟行為上做的總是相差十萬八千里，不然就是在男人女人面前呈現兩種樣貌：一個是純潔無瑕的天使，一個是城府極深的婊子；表面上是涉世未深的戀愛處女，但骨子裡根本是人盡曖昧的愛情蕩婦。然而有些男人就愛吃假掰女這套，因為她符合了他們心目中對女神的幻想，殊不知女神其實是女鬼，還是企圖吸陽取精、吃乾抹淨的黑山姥姥。今天欣西亞就要為大家介紹幾個經典的假掰女類型跟處置小撇步，讓妳遇上不但處變不驚，還能有效惡靈退散！

故作清純（蠢）又愛假仙的假掰女

這類假掰女通常不會濃妝豔抹，而是用輕透的底妝出現在眾人面前，大家覺得她天生麗質，不施脂粉就清秀脫俗，其實這近幾素顏的裸妝是在家花了快兩個小時的成果。裝可愛是她慣用的伎倆，明明天生是個重低音，看到異性立刻切換成志玲姊姊的娃娃音，明明一點也不蠢笨，結果遇到男人就成了什麼都不會的天然呆，儘管對外號稱自己是冰清玉潔的小龍女，但事實上卻是讓人走後門的偽處女。如果妳碰上這種競爭對手，以其道還治其人之身是王道，就是拚了命的跟她演很大，在心儀的對象面前也裝得笨手笨腳、清「蠢」可人，不過就算贏得他的心，這段無法做自己的戀情恐怕也不會長久，而女人稍微一假仙就被騙得團團轉的男人，還是不要也罷。

愛在私底下大搞曖昧的假掰女

這種假掰女最喜歡強調自己戀愛經驗沒很豐富，愛情學分近幾於零，被問起感情狀態，她檯面上一律回答沒交往對象，但私底下獻殷勤的床伴、炮友倒是一大群。或是明明已經有男朋友了，也常高調放閃說兩人愛得至深，結果身邊卻圍繞著一大堆曖昧對象，面對旁人的質詢，她可能會說：「男生就是會被我吸引，我也不曉得怎麼會這樣？」但其實她也沒那麼無辜，舉手投足都是在給機會，眉目之間都是在放電傳情，小動作頻頻忙著招蜂引蝶，惦惦呷三碗公講的就是這種人。處置方法就是揭開她的真面目，妳可以假裝白目地在眾人面前問：「我朋友說好像在約炮軟體上看到妳的照片耶！」或是「妳在身邊找了那麼多備胎，是不是快跟男朋友分手啦？」包準她臉色立刻一陣青一陣白。

每個男人都是哥兒們的假掰女

還有一種經典，是很喜歡把男人都稱為「哥兒們」欸查某郎。她尤其愛強調自己個性是大剌剌不修邊幅，一天到晚跟異性稱兄道弟，如果對方女友介意或吃醋，她就會搬出「我跟妳男友只是buddy buddy，妳想太多了」的理論，殊不知她嘴巴上這麼說，口裡正在含的很可能就是他的LP，說是buddy buddy，結果根本是fuck buddy。對付她有兩招，第一是將妳女性的優點發揮到極致，粗枝大葉的哥兒們，終究還是敵不過性感尤物的魅力，第二是一同加入男友和她的約會，反正四海之內皆兄弟，多一個朋友就是少一個敵人。其實另一半的態度是關鍵，如果他縱容哥兒們介入兩人之間，屢次溝通都不見改善，妳乾脆也讓自己變成其他男人的哥兒們，讓他嚐嚐箇中滋味。

以上，就是三大經典的假掰女類型。為什麼有些女人會假掰？為什麼有些女人常常說一套，做一套？說穿了，就是對本身缺乏自信，害怕行為被其他人說三道四，所以言行不一。其實要真正喜歡自己並不困難，「坦率」是不二法門，喜歡就挾去配，愛吃肉就挑大塊的吃，活得愈誠實、愈忠於自我，就愈不會在乎周遭的流言蜚語，別人也會因為妳的自在而尊重妳的選擇。對於假掰女，除了祈禱別碰上，我們也要警惕自己別成為這種人。

只端得出D罩杯，也只會引來禽獸

「男追女，隔層山；女追男，隔層紗」是江湖上流傳的一句老話。於是常有很多女生問我：「是不是真的這樣？」欣西亞的答案總是千篇一律：「那要看妳追的是什麼？如果追的是一夜情，只是想追到他的屌，的確是再簡單也不過的事兒。」其實，假若夠有心機，根本不用追，只要女人懂得利用美妝三寶：瞳孔放大片、水餃墊和假睫毛，還不用在忠孝東路走九遍，男人就已經開著他們的動力火車主動湊過來惹。

地球上確實有一批女人專門用美貌遊走在兩性世界裡，她們很清楚男人是視覺的動物，所以認為：想談戀愛，外表絕對是首要武器。於是擠奶＋濃妝豔抹不夠，還會砸錢到整形診所進廠維修，臉蛋已經夠精緻了，照片還要用修圖軟體修到完美，才會滿意地上傳到FB。有興趣的異性，這一秒發交友邀請，下一秒就約出來吃飯，完全是姜太公釣魚，願者上鉤。

然而，頂著腰瘦奶澎，認識歐巴很容易，要打炮也簡單，但留不留得住是另一回事，要守住男人的心，各憑本事不說，憑的還是手段智慧這些城府的東西。因為花花世界，漂亮的蝴蝶不會只有一隻，永遠有比妳更正的妹出現，今天貪圖D罩杯而被吸引過來的男人，明天就會被F罩杯給釣走。就像愛賺錢的永遠不會嫌錢多，愛吃肉的永遠不會嫌肉大塊，當G奶壓頂，F奶相形之下就變得不夠塞牙縫。

古言云：「以色侍人著，色衰則愛弛。」欣西亞說：「以奶吸引者，奶垂則鳥獸散。」為什麼一哄而散的是鳥獸而不是人？因為用肉塊釣來的都會是畜生！想想電影侏羅紀世界裡面，要把帝王暴龍引出來，用的不就是騷味十足的山羊肉？還有動物園的餵食秀，腦容量小如花生米的鱷魚不也是專吃生肉？只拿得出香蕉就只能請得起猴子，只端得出罩杯就只會引來禽獸，如果女人光有豔麗的外貌跟擠得恨天高的北半球，外加緊身單薄的一小塊布（對！那不能稱為洋裝，而是一塊破布），衣不蔽體在大街上招搖，後面成群結隊的就會是邪門歪道。等上了床炒了飯被狠甩，才在那邊唉說自己戀情非常坎坷。說穿了，怪不了任何人，誰教妳先把自己搞得妖氣沖天呢？

女人追求美貌一定也沒錯，錯的是用外在尋找Mr. Right，或求得白頭偕老的姻緣。畢竟歲月催人老，雙峰逃不過地心引力的摧殘，小鮮肉再怎麼芬芳可口都會變成咕咾肉了，青春欸肉體哪敵得過時間的無情？怎麼得到，便會怎麼失去，如果他是因為妳的鮮花慕名而來，有朝一日，就會被其他人的芳草給帶走，而路上的野花野草這麼多，都是野火燒不盡，春風吹又生的。

因此，當妳掏出信用卡準備網購最新款式的衣服時，順便也瞧瞧什麼新書值得閱讀，入手個一兩本放在廁所，上No.2時好好研讀，每日累積起來的幾句話或幾行字，都將轉化成內在的深度。當妳面對鏡子準備施展魔法妝點臉蛋的時候，不妨將筆電打開，播放最喜歡的美劇或日劇，用耳朵聽聽看自己懂得多少對話，只要多記得一個單字，就是一分實力的累積。而當妳在捷運上通勤面無表情地滑著手機，浪費時間讓大腦充斥既無聊又沒營養的資訊時，不妨抬起頭看看窗外的藍天和風景，跟自己對話，聊聊你們的夢想，檢視當初的腳步現在是否退縮了？還是裹足不前？是在現實的生活裡亂了腳步？還是終究必須大力邁出？當女人無時無刻都對夢想懷抱熱情，並且積極實踐，那認真的神情，都造就最閃耀動人的自己，不會因為卸了妝就失色暗淡。

內外兼具，永遠令人崇尚，也永遠不退流行，就從今天，從現在開始，跟欣西亞朝著這個目標，一起前進吧！

小三的條件

在這個兩性充滿亂象的社會，女人要變成小三很容易，不需精打細算，莫名其妙、糊里糊塗就可以了；但要當老婆卻難上加難，不但要張大眼睛慎選，結婚還得處心積慮，才能教男人心甘情願。然而，捧了正宮的飯碗，要丟可一點都不難，因為永遠一堆人覬覦，不小心就會被三振出局；小三就不同了，只要不吵著要升遷，安分守己便不怕地位動搖，若想留職停薪，男人隨時歡迎。

結論是當元配門檻高，不容易進去，卻容易出來，頭銜飛得快，要 fail 很簡單；小三則是容易進去，卻不容易出來，一旦當了，就可能一輩子留級，在外遇科系留校察看。然而，成了小三simple and easy，要當個「稱職」的小三，似乎又是另一回事了，優秀的第三者應該具備怎樣的條件，才能勝任有餘，在不倫大學凡事都拿A，成為名副其實的情婦模範生？

小三和元配最大的不同就是：老婆能做的，情婦就不允許。因為她是男人理想化的夢中情人，生活的現實和俗氣都不能沾染，務必保持一個「仙」字，最好隨時都能騎著獨角獸或腳踏祥雲飛出來，然後兩人手拉手在粉紅泡泡的彩虹盡頭轉圈圈。於是，柴米油鹽醬醋「錢」，老婆可以提，可以伸手要，小三就不行。因為男人在家就是被菜錢、尿布錢、生活費追得受不了才逃到溫柔鄉，如果妳也跟著吵，簡直是逼死他。所以小三首要條件是必須要有香水味和女人味，不能滿身銅臭味，否則就如入鮑魚之肆，久聞還是令人作嘔。

既然小三是男人心目中的女神，正、漂亮、亮麗是天經地義。卸妝、崩奶、屁股走山這種素人負責的領域，妳就千萬不能越界。黃臉婆男人在家難道還看不夠嗎？出來杜鵑窩，他期待的就是杜鵑夫人的模樣，所以情婦24小時打扮得全副武裝是common sense，就算做了愛、洗了澡、過了夜，妝也不能花、髮不能亂，更不能有口臭，最好他早上一翻身撲過來，美人還是光鮮不邋遢，口氣仍舊清新如晨露。說穿了，小三沒資格有灰姑娘的午夜12點，鐘敲了老婆被打回原形變南瓜，鐘響完畢妳只能是完美的芭比娃娃。

最後，最重要的條件是小三一定要乖要聽話，會吵會鬧的全是大老婆，這也是男人為何要跟妳在一起，因為開心。無論臉蛋再怎麼正，身材再怎麼火辣，床上功夫再怎麼一流，如果情婦也來個歇斯底里，一哭二鬧三上吊，成天囉嗦和嘮叨，那男人何必搞外遇？家裡那隻做得已經夠出色了，應付都忙不迭，幹嘛還來第二個給自己找麻煩？所以，如果妳是小三，就必須為元配所無法為，忍正宮所不能忍，他沒給的妳不會開口要，他的缺點妳全部都包容，鮑魚不飄出銅臭味，隨時保持最佳狀態，啊揑才是小三界的最佳楷模。

無論男人女人，說到底都是自私的生物，會談戀愛，也是為了自身的幸福。誰不想天天看帥哥美女，誰不想愛得輕鬆，愛得無負擔，愛得一點責任也沒？只是另一半跟我們一樣有血有肉，會發脾氣和鬧情緒，也同樣有挫折和壓力，外遇的動機來自逃避，因為生活苦悶無趣，所以藉由和現實脫節的第三者做喘息。然而，情婦終究是人，還是女人，除非顏值很高，不化妝就有落差，保養得宜，歲月依舊催人老，剛開始不吵，不代表一輩子都做溫順的貓，一旦開始爭，醜態盡出，男人興致立刻消風，爭贏了，回到柴米油鹽醬醋錢，還不是踏上被拋棄之路。所以，沒那個屁股就別吃那個瀉藥，如果不打算永遠當小三，還是不要輕易入學，否則一輩子畢不了業，也只能怪自己當初填錯志願溜。

不渴望了，才配擁有美好的愛情

常聽見一些女孩子說：「我好想談戀愛哦！」因為想談戀愛，所以拚了命去認識男生。有的跟同學去聯誼，有的專門跑夜店的 Lady's Night，有的則透過網路交友，因為想談戀愛，所以來者不拒，有人要電話就給，有男人約就出去，甚至可以跳過吃飯約會這些該有的前戲，直接上床也沒關係，先透過性器相投，再培養之後的興趣相投。

因為想談戀愛，所以採取「亂鮑打鳥」的策略，就是先衝一個數量，數量衝起來了總有一個會中，然後進而跟自己交往。問題是，如此草率的結果就是愛情來得快，去得也快，如同燙傷SOP流程「沖脫泡蓋送」，她們「看脫躺射分」（看對眼→脫衣→躺下→男人射精→分手）一個完整的流程跑完，要不是兩人滾完床單就沒下文，就是短暫交往便再見不聯絡。

不出幾個月女孩們的愛情再度回到原點：她又alone了，然後繼續靠夭哭訴：「我好想談戀愛哦！」

英文有個單字叫desperate，翻譯成中文是「迫切渴望」的意思。She's too desperate. 就是「她也太飢渴了」，多少令人覺得可悲。我們來想想一個「求愛若渴」的人會怎樣？首先當然就是不挑，畢竟想談戀愛想的都快瘋了，哪裡還有閒工夫挑剔。為了不挑，所以她會故意鬼遮眼，把自己變得耳不聰目不明，只要胯下有屌的都可以湊合，還會自願放棄一切自主能力，讓男人予取予求任意遙控，如果對方的性癖好是做愛完在床上噴屎噴尿，她應該也不會介意來個大小便失禁。不挑的下場當然是永遠遇不到 Mr. Right，百般配合就是讓對方輕賤女人的付出，這樣的戀情長久才有鬼（翻白眼）。

我了解有些在情海中載浮載沉的單身女人，每當看到身邊原本在泡水的同伴搭上豪華遊輪或終極快艇上岸，自己多少會心慌，時間久了就會想嚐嚐在泥土上腳踏實地的感受。於是愈急著登陸愈不 care 眼前的搭乘工具，無論是千瘡百孔的獨木舟、被玩到快壞掉的風帆，甚至已經被歸類為海面巨大垃圾的保麗龍板，她都像個溺水的人緊抓不放。此時就算來的是一個優秀帥氣的救生員好了，在她雙手雙腳兼勒脖的窒息式攻勢下，對方一定也會想一腳踹開吧？

最好的方式是對目前身處的狀態感到舒服自在，單身沒什麼不好，就像在湛藍海水裡悠游一般，也許偶爾感覺疲倦，但別忘記妳擁有海底世界的多姿多彩。因為一個人，所以隨時都有可能展開下一場冒險；因為一個人，所以隨處都有機會遇見另一個旅伴。當妳遇見了，別把對方當作救命的浮板，而是邀他一起共游，然後一塊兒欣賞海平面的日升日落。

看到重點了嗎？如果真害怕在大海裡漂泊不定，害怕單身帶來的不安全感，那請培養讓自己靠岸的勇氣跟能力，唯有在情海中學會如何游泳，懂得擺動手腳奮力向前，愛情對妳來說才不至於是漂來的運氣，天賜良緣也絕非消縱即逝，而是妳在茫茫人海中看見了白馬王子，然後化身美人魚努力讓自己游向他，離他更近。幸福的能力一直以來絕對不是靠別人，而是我們自己，也給得起。

於是妳會發現，當自己不再求愛若渴，而是期待最好的人走進妳人生最不缺的狀態，面對L.O.V.E也不需要像害怕得不到魔戒的咕嚕發狂崩潰，一同分享戀愛喜悅的那個人才會出現，然後終於了解：原來，不再迫切的渴望了，才配擁有最美好最獨一無二的愛情。

家花哪有野花香？

從美國來到台灣，我不得不注意到台北夜生活的五光十色，很多場所都是二十四小時營業，你可以在大半夜去唱KTV，可以邀人去看電影，凌晨兩、三點整個城市還是熱鬧的像開水般沸騰，尤其什麼都距離好近，開車大多不超過半小時，所以做壞事好像也特別容易，因為實在太方便了。

欣西亞常提醒我不要被這充滿誘惑的地方沖昏頭；我說每天晚上都有我愛的人等我回家，最喜歡的事就是跟妳還有三隻貓一起躺在沙發上看電視。所以不用擔心，但每次這麼回，她都會邊翻白眼邊說：「哼！家花哪有野花香？」我發現很多女生也這麼覺得，這句話似乎成了公認的事實。

說實在話，不管外頭的野花是三八阿花還是喇叭花，她們共同的特徵不是多正、多漂亮或多年輕，而是能給予男人「被需要的渴望」。這種desire，每個人的內心或多或少都想擁有：來自異性的一句真心的讚美、一個想認識的搭訕，甚至是一個略帶挑逗的觸碰，都能讓人覺得自己魅力十足。當另一半聽自己講話不再專注，注視自己的眼神不再火熱，舉凡關於自己的事物都興致缺缺，此時，陌生人的青睞當然就顯得異常特別。

所以，男人跟野花搞上，不一定表示他不愛妳，他只是很想繼續享受那種被需要、被崇拜的感覺，妳一時疏忽，別人當然趁虛而入。

出軌，很明顯是件錯事，卻是兩個人的責任，但是絕對可以預防。如果妳是家花，千萬不要怕肉麻而不哄妳的另一半，男人的外表看起來雖然很tough、很strong，其實我們內心很多時候都是小朋友，需要被呼呼、被秀秀，需要聽見「哇！你怎麼這麼厲害！」「好強哦，快告訴我你怎麼做到的？」就算妳覺得做出來超級蠢，也請用很誇張的表情＋肢體動作給我們愛的鼓勵。還有，偶爾也可以從後面熊抱或撲倒妳的男人，這會讓他感受妳的熱情，只要覺得妳對他還存在著渴望，他就不用從野女人那邊尋求。

外頭的野花不一定比家花香，除非家花已經枯萎許久，或把自己當成雜草一叢。無時無刻傳達妳的熱情和愛意，就如同盛開的花朵散播芬芳，如此一來，男人不但感受得到，妳對他也絕對不容忽視，永遠存在感十足。

CHAPTER 3

× 談危機處理

之所以變得強悍，是因為有了想要守護的東西

聖旨到！
要他把妳昭告天下之 know-how

前面為大家分析到「為何妳是見不得光的女朋友」，很多美少女嚇得下巴都掉下來。親愛的，莫急莫慌莫害怕！身為地基主，最恐怖的就是自己是鬼卻不自覺，現在妳對自身的身分和處境有很大的覺醒，只要有想沐浴在陽光下的渴望，有準備投胎的決心，想跟當初讓妳枉死的負心漢正面對決，那就一定有方法還陽，教他立刻用千里快馬頒發聖旨，將妳是女友的身分昭告天下！

男人對女人的占有慾就如同女人之於花車上的衣服鞋子，只要有人搶，就算是過季商品，一樣教人迫不及待立刻打包帶回家。同理，如果妳今天炙手可熱，一堆人前仆後繼擠破頭，為的就是站在妳身邊當護花使者，相信這一定會激發他的好勝心，恨不得把妳當電線桿，然後學公狗撒尿在妳身上劃地盤，因此製造出「老娘很有市場」、「老娘很受歡迎」的假象非常重要。也許兩人剛開始交往的時候妳並沒有給他這樣的錯覺（廢話！如果有他也不會把妳藏在黑暗中了），但 rather be late than sorry 晚做總比不做好，尤其「身價」是可以魚目混珠被製造出來的，使點小心機，用些小手段，死老百姓都能晉升為君子好逑的窈窕淑女。

第一步，請先故佈疑陣，妳不再照三餐等他的 line 或電話，也不是隨時隨地都有空見面。未接來電不回 call，line 也可以已讀不回，總之就是牛仔很忙，忙到讓他以為妳在跟周杰倫約會，裝忙之餘也開始嘗試不同的穿著打扮，平時都套牛仔褲的請穿起迷你裙，愛穿娃娃鞋的請蹬起高跟鞋，如果妳早已是東區的時尚穿著，那就請穿得仙一點，放棄事業線改露鎖骨，或是捨棄細肩帶改穿連身洋裝，素人就變身正妹，辣妹就變身大小姐，當他注意到妳的改變，八成也會嗅到些端倪而警覺心大作。

接下來，就是在優質異性可能出沒的場所打卡，像是圖書館、星巴克、市立活動中心……都不錯。夜店OUT，健身房IN；夜店貨色參差不齊就不用說了，但為什麼是健身房？C'mon! 因為那裡多的是身材健美的猛男哪！雖然同志的比例也頗高，但不說穿，當他看見妳固定在那裡報到，放眼望去都是「有在練」的肌肉或人魚線，他的自信會不會產生動搖？他對妳的不安會不會加劇？Of course! 對妳來說，加入健身房然後把身材練得更漂亮絕對加分。或是，想省一筆會員費就慢跑路過打卡也可，幫自己製造邂逅其他異性的機會，就能把對方的安全感打趴在地上，讓妳略勝好幾籌。

最後，男人愈缺乏安全感愈會想掌握，所以我們終極一招再給它催落企，就是請男性哥兒們固定在妳的臉書上按讚，甚至三不五時約妳吃晚餐。這招是本人的女朋友使出來的，只要她一上傳照片，就會line男性友人搶頭香，或是連番讚好幾則PO文，她男友驚覺有競爭者出現，沒到一個禮拜就把FB的感情狀態改成交往中並且tag她，之後無論去哪裡都高調地帶出場，還逢人介紹以宣示主權。不過如果妳的冤家不常上臉書，妳也只能讓他知道妳還是會跟其他男生出去吃晚餐＋看電影＝約會，直接用行動說明：如果**他要妳當深海裡看不見光的鮟鱇魚，那妳的鮑魚就永遠不會歸他獨享**（敲木槌結案！）。

事實上，男人永遠都需要刺激，女人讓他太放心、太安逸，他就容易為所欲為。因此，無論是在搞曖昧，還是晉升到男女朋友，甚至做夫妻，都該確保男人對我們有一定程度的危機意識。遲遲不給承諾，我們會走；叫我們當檯面下的女人，我們會離開；不知珍惜不夠投入，我們也是會跑，而且還跑得比誰都快。愛情裡，女人千萬不要委屈自己，因為委屈永遠無法求全，只有懂得為自己挺身而出，捍衛自己的權益，妳才能被昭告天下，才配得上光明正大。

如何從「炮友」變成「女朋友」

雖然當炮友的好處很多，像是不用負責，沒有維持關係的壓力，對象可以一直換，所以不怕黔驢技窮，體驗的花招也能推陳出新。如果說人生應該要追求不同，炮友確實能打開下體的眼界，畢竟一個洞跟一隻屌的排列組合很多，每顆健達出奇蛋裡頭的內容物也不盡相同。然而天下就是合久必分，分久必合，在外漂泊的船隻終究希望找到停泊的港灣，在外漂流的遊子終有一天想要回家，如果妳發現自己並不甘於只當對方的炮友，該怎麼做，才能把只是過夜的摩鐵變成永遠的歸宿，將自己順利 upgrade

為他的女朋友？

第一步：保持揮揮衣袖不帶走一片雲彩的瀟灑

當妳發現自己對純粹做愛的對象有了高潮以外的感覺，不僅想握住他的屌還有他的心，剛開始一定會方寸大亂，此時，最好的方法就是力持鎮定，不要讓占有慾跟患得患失控制接下來的行為。想當初接下這個八二三炮戰的任務是如此神色自若雲淡風輕，那請保持一貫瀟灑的態度，意志不堅就聽梁靜茹的歌，告訴自己：「妳是火，妳是風，妳是織網的惡魔……」所以要自由自在，不能被兒女私情囚禁。無論如何，千萬不要跟他坦白：「我好像喜歡上你了，怎麼辦？（囧）」因為這個問題絕對會破壞炮友間的生態平衡，話說男人要勃起就是不能有任何壓力，妳現在拿這種無解的謎語煩他，他硬不起來一定立刻哭跑給妳看。

第二步：放話讓他知道他不是妳填補空虛的唯一

男人都有好勝心。當他知道自己不是唯一幫妳下體插入打氣的幫浦，多少都會有些在意，而且還會開始胡思亂想，譬如：別人是不是更加快狠準找到妳的G點？或是讓妳在床上更舒服、叫得更大聲？先不管動機為何，只要他在意我們就有勝算，妳可以透露自己的炮友並不只有他一人，那個誰誰誰很nice，下了床還會line妳談心，雖然是炮友，但心靈上有交流讓彼此肉體更契合，簡直出人意料。他聽了，應該也會不干示弱倒祕密給妳，只要讓他除了跟妳啪啪啪還願意和妳heart to heart，相信要抓住對方的靈魂應該也不困難惹。

第三步：先求喜歡跟妳做愛，再求愛上妳的可能性

雖然男人確實傾向性愛分離，但人生很多事總是難以預料，尤其做人見面都能三分情，愛做久了，也難免不節外生枝，要他愛上妳，好歹先求喜歡跟妳做愛。既然是炮友，當然就要做到最稱職，**該打的炮不能少，炮凡打過必叫好**，每次開工不但精彩可期，而且還令人回味再三。讓他覺得跟妳交配之餘還有神龍鳳凰速配成功的快感，那兩人才有可能更進一步。總之，如果他覺得當炮友都覺得沒那麼濕杯秀（special）了，更遑論想要妳當女朋友，是吧？

其實當炮友的最高指導原則就是不要動情，一旦動了真心幾乎就是全盤皆輸的開始。如果不想愛著卡慘死，一切還是「發於情，止乎禮」最好。男人的龜頭少碰，碰了不會讓妳在他心目中的地位加分，衝動下的性器相投，只可能被貼上隨便的標籤。

俗話說：怕熱就不要進灶腳，欣西亞說：**怕愛上炮友就不要隨便開鮑**，因為男人的子彈不長眼睛，流彈傷人也傷己，還是依循槍砲管制條例管好自己的下半身，才能促進社會及兩性的合諧。

曖昧突然變冷淡，怎麼辦？

自從經營部落格以來，欣西亞就常常收到網友提問，其中各式各樣的煩惱都有，分門別類下來，發覺長期占據榜首的問題竟是：「正在搞曖昧的對象突然變冷淡，怎麼辦？」既然如此，今天就來跟大家聊聊這個 case。

許多姊妹淘在愛情剛萌芽的時候，和對方的關係還沒確定，一定都會不安跟不知所措，尤其「友達以上，戀人未滿」，更容易教人胡思亂想，像是：「剛開始每天幾乎都能看到他的 line，怎麼現在變少了，還常常已讀不回？」「原本講電話兩個人的話題好多，為什麼現在都是我問他答，而且還愈來愈興致缺缺？」因為兩人什麼都不是，所以就算有滿腹問號也不好直說，只能天天鬼打牆搥心肝自問 Why? Why? Why? 在心裡大崩潰：「他這樣根本就是在玩弄人，原來都是我一廂情願、拿熱臉貼冷屁股，天哪！我怎麼這麼倒楣？愛情怎能如此坎坷？」演很大不說還擅做結論，問都不問就把男人刪除封鎖，只能說每個女人都是抓馬 queen（drama queen），很多事情還沒搞清楚，就先把自己嚇死了。

妳會因為對方的態度而決定愛的多寡嗎？如果他表現得積極殷勤，妳就多喜歡一點，如果他的行動趨於冷淡，妳也把自己的心情調整成意興闌珊。倘若能將情感收放自如，隨著男人的付出而增減，那麼，這種喜歡並不算是真正的喜歡吧？因為我覺得真愛並不是「如果他〇〇〇，我就ＸＸＸ」的照樣造句，像是：「如果他的反應不如預期，我就打退堂鼓」或是「如果他失去熱情，我就對他不再在意」，畢竟人的感覺無法控制，如果妳對他的投入都能因時制宜、隨意增減，對方怎麼付出我就怎麼喜歡，充其量妳也只是有興趣，根本還沒到愛。

愛無法稱斤論兩，也不是門公平交易的買賣，若真愛上了，就算想精算出停損點，或學聰明以達到最大的CP值，都無法確保我們不吃虧跟不受傷。最好的方式就是放膽去闖，並且我行我素，他如何做是他的事，我們怎麼愛是我們的事，所以，曖昧突然變冷淡又怎樣？喜歡的對象退怯了又如何？重點是，妳想為自己做什麼？

想當初跟Shane還在曖昧期的時候，他也曾經冷淡過，那時候確實很傷人。然而，受傷歸受傷，也惱羞成怒地想放棄，但實在是愛上了，沒辦法丟下幸福不管，所以還是急起直追、迎頭趕上，因為我比誰都清楚：這是我想要的，無論結果如何，都好過徒留遺憾。突然之間，欣西亞從各種不安和猜忌中解脫，一旦男人做什麼都影響不了妳，女人的態度將更為從容，力量更加強大，艱苦的拉鋸戰成了一場神色自若的遊戲，重新奪回失去的掌控權讓原本占上風的對手，成了最無力的那個人。

所以囉！當曖昧對象變得不再那麼主動熱情的時候，女人一定要先把持住，千萬不要自亂陣腳，冷靜問問自己：這份感情妳到底想不想要？

假使他不追了妳也能放手，只是覺得有些美送，那表示妳只是喜歡被追的感覺，就讓一切船過水無痕。假使妳是真的心動，想給彼此一個機會，請用誠懇的態度，坦率表達妳的感覺、提出妳的疑惑，聽聽看他怎麼說。

「蛤！可是明講或當面問需要很大的勇氣欸……」妳看到這裡，忍不住皺起眉頭，感到強人所難。我只能說：沒辦法，硬著頭皮去做吧！因為愛情很脆弱，如果妳不勇敢，就無法將它手到擒來，就算獲得了真愛，當別人出手奪取時，妳也無法捍衛它。無論如何，能夠為愛情挺身而出，無所謂丟臉不丟臉，不害怕不懦弱的女人，才配獲得美好永恆的愛情。

善用臉書，讓男友不再搞七拈三

臉書的發明不但拉近人們的距離，也讓男女朋友間的祕密無所遁形，我們總能輕易的知道對方的近況，甚至連他今天做了些什麼、去了哪裡、正在哪家餐廳都一清二楚，更別說他的朋友名單上有誰？這些人當中有沒有妳認識的？或是跨界到姊妹淘的親友？至於不認識的，妳也能從「按讚」跟「留言」判別他們的關係：有的，在男友一發動態就迫不及待搶得頭香；有的，留言回得曖昧，男友也老實不客氣調情調得笑嗨嗨；有的，則是在彼此臉書上連續點讚，讓妳不注意都難。這些女人，他永遠以「臉友」代稱，但各個有身材、有臉蛋還有一堆擠奶嘟嘴的自拍，雙方平時私信來facetime去聊得熱絡，完全是紅粉知己，讓妳既不安又擔心，不曉得如何是好。

碰到這樣的情況，**首先當然是溝通**，好好告訴對方妳的感受，並請他立刻停止。不過如果男友這麼乖又那麼好講話，妳也不用跑來問欣西亞了，所以我們現在要解決的是：試圖溝通了，也表達內心的不舒服，結果男友不但不覺得有什麼不妥，還抱怨妳愛吃醋，用「妒婦」將妳一軍，然後見笑轉生氣，說妳不信任他，製造問題，讓關係緊繃，到頭來千錯萬錯都是女人的錯。不得不說，心虛的男人厚……症頭攏差不多。

對於愛搞七捻三又企圖把女友吃死死的男人，我們不妨大膽效法漢摩拉比法典裡最有名的八個字：以牙還牙，以眼還眼。意即：他怎麼做，妳就怎麼做，他怎麼對妳，妳就怎麼對他。既然這白目小屁孩是在FB上黑白亂來，那我們當然也要有樣學樣。別小看臉書的力量，運用得宜，不但能讓妳收復失土，還能讓他學到教訓。

不過在正式採取攻勢之前，我們必須先布局，準備好前置工作：先把自己變正、變好、變萬人迷，對之後的勝算才更有把握。不過這並非意味著妳就要立馬執行節食計畫，現在手機修圖軟體很多，什麼百度魔圖、美圖秀秀……就算不化妝頂著大素顏，也能得到令人讚嘆的好膚質，瞬間擁有女神級的自拍照。

第一步就是先在FB上傳一些Wow! Factor（令人驚呼）的照片吧！

當然不是要妳脫個精光或擠起奶香四溢的胸部，而是製造一些出其不意的效果，展現女生魅力的部位有很多，譬如鎖骨、脖子或肩膀，或是讓人看見不同的角度，總之平常不會出現在個人臉書上的畫面，都可以小小展露。如此一來，想必臉書上的朋友，不論男女，都會大大吃驚，按讚人數跟讚美留言破表，他很難不注意到妳的人氣水漲船高。

第二步是在平常不會出現的地點打卡

夜晚九點多，明明是下班過後應當在家的時刻，此時男友在妳的臉書動態上滑到幾分鐘前上傳的陽明山夜景，金碧輝煌的萬家燈火，他心裡也會警鈴大作，狐疑著妳是不是跟哪位「臉友」上山談心？或是看見妳在知名高級餐廳打卡，還PO上兩人份的美酒佳餚，知道女友出沒在這燈光美，氣氛佳的地方，不需要tag誰，已經讓他不由得想搖妳肩膀大喊：ＸＸＸ妳到底想怎麼樣？

第三步則是以其人之道還治其人之身

如果男友開始問東問西，或皺起眉頭康譜練（complain），妳也要用一臉覺得他小題大作的表情回：親愛的，你想太多了。他當初說什麼，妳就將那些話原封不動奉還，什麼「你的多疑讓我好失望」還是賤賤補上一句：「你是不相信我？還是對自己沒信心？」看他的反應是什麼。

也許妳看到這裡一整個擔心：如果他生氣跟我分手就完蛋了！那請妳還是當個被吃死死的女人好惹。我覺得談感情一定要抱持「失去他也不會怎樣，下一個人一定會更好」的心態，尤其對不懂尊重、不知珍惜的人更是。害怕失去對方，總是勉強自己的關係遲早會出問題，適時還擊，才能免於屈居弱勢，並贏得對方的尊敬。

達令有根奈米屌

有讀者用 email 問我：

「欣西亞，我跟現任的男朋友交往快半年，他對我很好，我也非常愛他，但他老二的 size 實在有點小，本來我覺得我應該會習慣，但每次上床每次都很空虛，某天我忍不住邊做邊哭，他竟然還以為是功夫太好讓我喜極而泣，天哪！妳可以告訴我該怎麼辦嗎？」

這讓我想到有句成語，叫「魚和熊掌，不可兼得」，如果雕跟鮑魚的性福只能擇一，性跟愛難以兩全，無論是誰都會陷入一場天人交戰。不過我猜男人多半會選擇下一個會更好，畢竟精蟲上腦這種事不能等，女人就比較願意再try看看，可能是因為我們天性充滿母愛，對幼小動物有憐憫之心，誰捨得一下就把毛絨絨的黃色小雞棄之不顧呢啾啾啾啾……（畫面顯示雙手捧起小雞在臉頰磨蹭）

面對達令的奈米屌，此時無聲勝有聲，多說無益，男人對老二size的認知就像女人對罩杯大小是一樣的，不是D罩杯就不是D罩杯，沒有30公分就沒有30公分，自己心知肚明清楚得很，所以妳找他客訴不但沒屁用還很傷人，因為鑫鑫腸就是鑫鑫腸永遠長不大啊！如果不考慮分手，我們也只能自力救濟了，既然阿基師都能偷步呷，小小雞就算不是威龍，依然可以闖天關，給妳歐啪（all pass）的快感！

充當其衝就是培養陰蒂高潮。有道是山不轉路轉，既然陰道填不滿，向外發展總可以吧？事實上摩擦陰蒂更能導致小宇宙爆炸，請別輕視這長在唇間的嘴邊肉，一旦引爆，同樣教妳又酥又麻興奮得銷魂，好處是無需勞駕大雕，手指、舌頭，甚至最平民化的老二都做得到。

對於追求體內刺激的苦主們，就請花點時間尋找自己的G點在哪裡，G點本身就像一個開關，按下去不得了，有些人立刻白眼翻到外太空，有些人則是潮吹之水如同長江源源不絕，不用出動頂肺級的神屌，只要老二GPS定位正確，同樣一觸即發，小小兵也能立大功。

不過如果男友輕薄短小如同失根的蘭花，慧根也不甚高，無論是陰蒂還是G點他樣樣都能搞砸。我還有一個大絕招提供妳放生前使用，就是去Y拍訂個合用的假陽具，看是要眼鏡蛇cobra還是飛天雙頭龍，然後回家關起門來追加宵夜跟三餐，NOKIA說：科技始終來自於人性，我們更要懂得「愛自己」，沒錯！所以此時不愛更待何時？既然男友餵不飽，藉助矽利控或萬能的雙手嘛系A塞。

靠山山倒，靠屌屌小，靠男人會跑，到頭來女人還是靠自己最實際。最後，很多人都很喜歡問欣西亞：「該找個愛我的男人？還是一根我愛的屌？」其實答案見仁見智，不過以實際面來看，男人的真心不見得會變，但青春洋溢的屌終究有不再活蹦亂跳的一天。老了，身高會倒抽，骨頭會疏鬆，無論多長多粗都有可能縮水，就算它現在花招百出噱頭十足，也難保不是跟其他女人在床上練武功練來的，或很高調的想找其他人炫耀，所以，與其找一根凍欸固的 dick，倒不如找一顆堅貞的心，再搭配高品質、德國進口的假陽具，妳，就能一統天下啦哈哈！

當愛膩了，而體位變得溫馨

無意間得知某位腰瘦奶膨、腿長膚白，在欣西亞眼中算天菜的明星人妻的老公竟然有外遇，實在教我大為震驚！隨手孤狗了一下，才發現好多大老婆也有相同遭遇，恐怖的是，她們的外表跟黃臉婆根本沾不上邊，每個仍舊青春洋溢、打扮入時，被稱為少女都不為過。於是本人大膽做了結論：男人搞外遇，有時候不一定是元配不夠正，而是追求和野花的新鮮感。

領悟的瞬間，我也立刻在腦海中迅速將婚姻生活快轉複習，發覺自己跟 Shane 近來的夫妻相處其實也愈趨平淡，說好聽是穩定，說難聽就是boring，好比公務員打卡上下班，固定的乏善可陳。性愛方面嘛，只能說再花俏的體位，做久了也會膩，公狗式啪啪啪到第一百次就不激情了，反而比電影《十二夜》溫馨（囧）。當然我大可以兩手一攤安慰自己：「就已經是結婚快十二年的老夫老妻，還想怎麼樣？用雞雞套圈圈？還是用齋齋射乒乓球？C'mon, give me a break.」

然而，說穿了，人生就是不進則退，跟另一半相處也是如此，正牌不長進就準備被小三取代，互動變無聊男人就會想偷吃。別說結了婚的夫妻有這種煩惱，就算是情侶，也會面臨熱情消退的難題，首當其衝就是「愛愛次數變少」！如果妳對下滑的業績不但心知肚明，還能列舉數據：熱戀時一個禮拜至少三次，後來變一次，到現在幾乎快拖到一個月才開工，如果正好碰到姨媽來就要再等28天……，是否也會擔心：是吃膩了老娘上的菜？還是餵他的另有其人？

於是我開始思考如何在一段「穩定（ㄨˇ ㄌㄧˇㄠ）」的關係中製造刺激？還記得某個好姊妹曾說：「男人要就一定得配合，否則他以後都找別人！」不過餵飽只是採取措施，並不能預防，因為他已經餓了，這時最容易飢不擇食。如果此刻妳遠在天邊，別說路邊攤，恐怕連奔搜趟（台語發音，垃圾桶之意）裡面的噴都不介意。所以我覺得女人不能等男人開口腿才張開，因為這不是芝麻開門，妳偶爾也要對他「官人我要」，最好學小茉莉大喊：「我要在這邊強姦你！」化被動為主動，保證讓他耳目一新。

慣用的香水有時也可以換一換。話說某天欣西亞跟朋友買了二手衣，收到時上面還沾著香水味，我不以為意便穿著跟老公出門約會，途中 Shane 頗新奇地說：「欸？妳今天聞起來不一樣耶，讓我覺得好像跟不同的女生出去唷……」聽他這麼一講，我體內某個靈魂彷彿被釋放，像是拋開最熟悉的自己，整個人煥然一新，隨著陌生的香水味，舉手投足更有自信，做什麼也更直接大膽，注視老公的眼神也更性感誘惑。就這樣，我們的互動回到剛陷入熱戀的小情侶，那天不要說引爆小火花，堪稱火樹銀花都不為過。

另外，添購新內衣也是一種很好的方法。如果今天穿的是光滑緞面的材質，那麼舉止動作就多了法國女人的優雅；如果是宮廷般的華麗蕾絲，說話語氣便不自覺性感嫵媚；如果是令人舒適的棉質，設計又俏皮可愛，那全身上下似乎也萌了起來。境隨心轉，看見自己不同的風貌，男人才會發覺妳的特別。所以接下來欣西亞還考慮接睫毛或飄眉……。老實說，以前我總覺得：這些東西，如果老公不 care 就別浪費錢。但不管他在不在意，女人還是要嘗試一些新玩意兒讓自己換換心境，當妳對自己感到新鮮，才有可能讓對方感覺新鮮，也唯有妳渾身上下充滿刺激，才能將刺激感帶給別人。

所以啊，最近意會到愛情淡如白開水的姊妹們，不妨開始加些香料，讓兩性關係更有味。其實，無論是交往，還是步入婚姻，若想保持熱戀的鮮度，有心是唯一法則。唯有用心，熱情才會持久，相處起來才樂趣橫生，畢竟生活中刺激的痛快不會自然而然，還是要採取行動才能 make it happen。

真有七年之癢？

七年之癢，英文叫做 the seven year itch。仔細一查，才發現它也是往日美國性感女星瑪麗蓮夢露主演的一部作品，大家所熟知她站在 subway 前遮掩被風吹起裙擺的撩人動作，就是這部電影的經典畫面。然而這四個字的意思通常是指結了婚的人，對由激情轉於平淡的婚後生活感到無趣乏味，為了尋求刺激而偷腥、出軌，讓感情歷經考驗。

從我二十三歲就和 Shane 結婚以來，就常有人問欣西亞：「七年之癢了嗎？」當他們得知我們的婚姻已經超過十年，又會幫忙鬆一口氣說：「恭喜啊！熬過七年之癢的魔咒了！這下可輕鬆了吧？」看著對方安心的表情，我心裡通常想的是：「No No No，經營愛情哪裡有停止放鬆的時候？接下來當然還是要再接再厲，繼續努力才行哪！」

不過是否真的有七年之癢？欣西亞要以十幾年的人妻身分告訴大家：「別懷疑，它確實有」。因為人畢竟是喜新厭舊的動物，跟同個人朝夕相處，就算對方再正再有型，也難逃一成不變的單調而感覺厭倦，就像你再怎樣喜歡刺參鮑魚，照三餐嗑，也有吃膩的一天。因此，別說七年，三年後就開始坐立難安的夫妻大有人在，結縭三十年的老夫老妻，在兒女長大成人，也有人迫不及待地開創第二春。說穿了，**要不安於室，那真的無關你是金婚、銀婚，還是紙婚，只要有人腦袋發昏，誰還顧得了左手無名指套上的承諾？那畢竟是戒指，不具貞操帶的功能啊！**

所以，這個「癢」，我認為不是不愛了，而是因為「無聊」，這跟男人打手槍差不多。男人打手槍大多不是因為性慾來了才打，是因為無聊沒事做，才會打開D槽夯槍。

在十年如一日的婚姻生活裡，老實講，要不乏味真的好難，拿欣西亞跟Shane來說，我們已經算是話多的couple，就算如此，也還是會有相對兩無言，話不投機半句多的時候，在床上雖不吝於發揮創意，但最後還不就是那個桿配那個洞。無論如何，桿子不會變成U型鎖，洞也不會變成五角星，除非換人做做看，是吧？「平淡就是福」這句話，多半是老人兒說的，因為他們無法再勃起，但對於還能虎虎生風的男女，平淡幾乎等於無趣，如同寂寞能殺死很多隻貓。

Shane如何感受我不知道，但欣西亞在婚後確實會懷念談戀愛的感覺，邂逅可能一同墜入情網的對象，讓奇異的電流在空氣裡流竄，因為不確定彼此之間會如何發展，所以顯得新鮮刺激，既心焦，又揪心。某種奇異的力量在下體漲大，於是我默默打開筆電，調出 James Deen（為美國知名成人片男演員）的檔案，然後手指向下，等到一陣神魂顛倒又再度回神的 moment，本人才驚覺：靠！我剛才幫自己「止癢」了嗎？

我相信，只要步入婚姻，當一切的激情歸於平淡，加上柴米油鹽跟現實的摧殘，當初愛得再濃烈，做愛做得再激情，老公就是老公，老婆就是老婆，一半是愛人，一半是家人，新鮮感絕對比不過在外面陌生開發的老王和小三。七年之癢確實會有，但人之所以跟畜生有別，是因為我們懂得克制慾望。既然「癢央人人都會」，解決方式當然「各有巧妙不同」，渣男婊子的癢不但按捺不住還找別人抓，好男好女則是能忍則忍，忍不住就自己想辦法處理，窮則變，變則通嘛。

後來跟 Shane 提到此事，我問：「你難道不會想跟別人再談一次戀愛嗎？」他妙回：「不會啊！男人要的往往只有性愛，談戀愛多麻煩？」，「所以你曾經有換人『做』看看的念頭？」「那應該說是『fantasy 性幻想』啦！所以我有很多AV女優的影片收藏呀！」

看他答得既誠實又誠懇又不卑不亢，我給了他一個擁抱說：「Thanks for your effort, baby.（親愛的，謝謝你的努力。）」不僅僅是他，我知道我們都很努力，接下來再好幾十個七年，也要繼續請 Shane 老公，多多指教囉！^_^

「對的人」做出「錯的事」

很久很久以前，當欣西亞跟 Shane 還在拉扯的時候，他在北京，我在台北，我們每晚都會掛在線上聊天，距離愛情只差臨門一腳。某個週末，他告訴我要到城外辦事，大約有兩個晚上無法上網，我不疑有他，還貼心祝福出差愉快，誰知道回來後迎接我的是一場風雲變色……「I slept with someone. I am sorry.（我和別人睡了，對不起！）」他艱困地在螢幕上敲出這段話，帶著後悔和歉意。

雖然兩人還不是男女朋友，但我還是痛得忘記怎麼呼吸，心臟幾乎要衝撞出炙熱的胸口，渾身顫抖不已，整個世界正在崩毀、粉碎，不知該如何面對的我，只是淡淡地回：「玩得開不開心？」然後，就在出事的幾天後，我懷著被背叛的憤怒，也跟其他男人上了床，那還是本人的處女作，報復，是我原諒的方法。

每個女生為「對的人」下的定義不同：也許是「他很有錢」；也許是「溫柔體貼對我好」；也許，只是因為「老娘就是那麼愛」。欣西亞屬於最後一項，而當年的我選擇報復，說是原諒，其實是它能支撐我對 Shane 的感情，讓我可以繼續喜歡下去，當然，我也要他感受我的痛苦，所以主持了自以為的公平正義，雖不後悔，但也不值得妳學。

當 Mr. Right 做錯事，首先，要看那是什麼樣的事，畢竟人非聖賢，孰能無過，同樣是犯錯，就有大有小，是初犯還是累犯？同樣是上床，就能分是一夜情還是固定打炮？同樣是偷吃，床伴是隨機？還是固定？不同的排列組合，錯的輕重程度就不相同，值不值得原諒，每個人的角度不一樣，也取決於女人的愛和包容有多深。譬如A男喜歡背著老婆叫雞，興趣還行之有年；B男是酒後亂性，不小心跟女同事搞了一夜情；C男則是有固定紅粉知己，常用line談情說愛。以上三個cases，都能濃縮成「出軌」兩個字，試問：如果硬要選一個發生在自己身上，哪一個妳比較能接受？

因此，當發現另一半劈腿時，請一定要先採取英文中的五W一H，也就是：who（跟誰）、where（在哪）、when（是清醒還是喝茫的時候）、what（到底做了什麼？全套半套？有無性交？）、why（為什麼）跟how（一切是怎麼發生的？），問清楚事情的來龍去脈再說。如果對方有悔意，願意承認自己的錯，也有誠意彌補，重點是「初犯」，那我認為他值得我們再給一次機會。

很多女人在另一半犯錯時，第一反應通常是「我要分手」，因為很痛，所以離開帶給我們傷害的人，似乎是最明智的選擇。然而，如果妳很愛這個人，毅然決然分手並不會讓妳少痛一點，雖然大家都說「長痛不如短痛」，但事過境遷，也許妳會後悔當初為何不堅強勇敢一點，陪著他一起面對？「分手」，很多時候只是不負責任的兩個字，也是懦弱和逃避的象徵。如果他是Mr. Right，那應該值得妳挺身而戰。另外，也有女人意氣用事，將分手當作一種報復，英文有句話說：「Don't bite off your nose to spite your face.」意思是不要因為討厭臉，而割掉鼻子，以為這樣能給臉一個教訓，殊不知，割了鼻子，自己也無法呼吸，就像用分手作為懲罰對方的手段，結果反而斷送了幸福。如果他終究是那個「對的人」，就不需要用失去對方來報復自己。

最後，雖然犯錯是人之常情，但如果那個人真是「對的」，他一定會克盡己職，對愛忠誠，也會避免讓關係陷入危機。因此，一而再再而三的鬼打牆做出傻事，別懷疑，他絕對是Mr. Wrong，趕緊拋下錯的，妳才能覓得真正的良緣。

CCR不能ㄈㄈ尺

CCR是英文Cross Cultural Romance的縮寫，翻譯成中文是「跨文化戀愛」。談戀愛就談戀愛，本來也沒啥大不了的，但因為牽扯到外國人，新聞又愛報導有些妹看見皮膚白的就二話不說跨上去，於是異國戀就常被PTT鄉民戲稱為ㄈㄈ尺。然而，有人喜歡鬍鬚張的滷肉飯，就有人喜歡麥當勞的漢堡包，青菜蘿蔔各有所好，誰管誰嘴巴裡吃的是什麼，只要自己吃的爽、吃的開心，就好！

當然，如果妳志在吃遍國外的肯德「雞」，我給妳的忠告只有記得全程帶保險套以免得性病。如果妳想認認真真地談個CCR，那欣西亞就要以過來人的身分給些中肯的建議了，畢竟外國的速食文化遠近馳名，一不小心，妳的愛情不但會像得來速一樣又短又迅速，還會落得四不像的ㄈㄈ尺。

毛手毛腳不同等於熱情

初次約會，語言不算通的你們很可能需要借助一些肢體動作，比手畫腳才懂得彼此情意。切記！無論外國男人怎麼比，比到妳身上去就是吃豆腐，不要自我解讀說這是西方人的熱情，**色狼不分國籍，豬哥不分種族膚色**，毛手毛腳就是啪啪啪前的愛撫，任人上下其手就是隨便，想得到對方尊重一切就照規矩，而不是由著他亂來。

I like you不代表我想跟妳在一起，很可能只是上床的前戲

一般來說，西方人比東方人還更擅於表達情感和讚美，於是很多女生聽見對方說出甜言蜜語，又是自己不熟悉的英文，覺得異常性感，整個人就酥麻了大半。他所謂的**I like you**，只是有好感，不表示準備好要跟妳交往或對妳掏心挖肺，這種感覺就像妳去逛街看見了一個還不錯的包包，雖有意買下，但還要看它的設計和價值，才會認真考慮要不要帶回家。妳對包的態度就像他對妳的鮑是差不多的，喜歡是喜歡，但沒說一定要買，不過如果灌個迷湯就免費，倒是可以揹一下，反正不用白不用。所以請不要聽見對方說「我喜歡你」就沖昏頭，然後急著兩腿開開。

交往歸交往，還有「專一」跟「開放」的區別

男人的進化日新月異，以前是拉拉小手就算山盟海誓，現在就算上了床還不一定要互許終身，就算一壘二壘三壘甚至全壘打都全程跑完了，妳還可能不是他的誰。更別說西方社交文化比東方更多元開放，進一步交往，還有「專一」跟「開放」的區別，意思是：他是只有妳這麼一個女朋友？還是繼續結交很多個？最好的方法就是清楚明白告訴他妳想要什麼樣的關係，為了避免他裝傻，開門見山絕對比迂迴暗示來得效果好。

分隔兩地的遠距離戀愛，考驗彼此的愛

就算在台灣相識，也難保對方必須回到自己國家。這時候，隔著千山萬水的遠距

離戀愛就開始了，如果彼此對未來沒有共識，或是之間缺乏足夠的信任，看得到摸不到的考驗，都可能讓這份愛情無疾而終。因此，在剛開始踏入這段關係時，女生最好想清楚自己追求的是什麼？否則到最後恐怕只會覺得青春被耽誤，時間被浪費，勇氣被蹉跎掉，那就真的得不償失。

上面提到的四點，是欣西亞給有心發展異國戀的女孩們的一些基本忠告。其實跟外國人談戀愛並沒有外界想像的浪漫，其中的辛酸也是如人飲水，冷暖自知。

兩個人來自不同的國家，說著不同的語言，在文化的差異下結合，對彼此的包容就要更加寬大，溝通也得更良好。譬如：外國人結婚，婚禮開銷多由女方家支付，也沒有給聘金的習俗，這樣父母是否可接受？一般西方人婚後的財產採共有制，這跟女人要有自己的私房錢的思維有出入，妳該如何處理？有時候，妳自己覺得OK，身旁的親友覺得不妥，又該怎麼辦？

異國戀面臨的眉角不勝枚舉，都需要發揮智慧解決。無論如何，真愛無敵，只要兩人有心，遇上的難題都能迎刃而解，再此祝福大家都能找到適合自己的愛情，戀愛大順利哦。

啪啪啪 性愛實錄

近來國內手機直播APP大流行，從黃立成的「17」，到中國的「在直播」，全部一窩蜂進駐各位的眼睛，其特點是LIVE，也就是一般電視節目俗稱的現場連線，你在畫面上看到了什麼，螢幕另一端便正上演什麼，不但可觀賞，還可留言即時跟主角互動，非常有趣好玩！

這讓欣西亞想到以前第四台盛行過的野球拳，觀眾可買點數跟女優剪刀石頭布，贏了可以叫對方脫衣服，更是熱辣刺激。17 APP有獎勵制度，看的人愈多，播放者賺愈大，於是辣妹輕解羅衫，揉奶、自摸以搏收視率，生性高調又酷愛鎂光燈的情侶，也開始放送起A片情節，反正炮橫豎都要打，獨樂樂不如眾樂樂，而且還有錢賺就跟大明星一樣，多好？

於是，當男友對妳上下其手，他也忙不迭把APP打開，「欸，不要嘛～大家都看得到，我會害羞」「不會啦，寶貝，妳就當自己是舒淇，我是梁朝偉，我們只是拿酬勞演戲，而且還很敬業啊！」他像個導演循循善誘，鼓起的下體隨時要打板喊開麥啦！妳say NO怕壞了興致，say Yes又怕自己真的爆紅，眼看啪啪啪性愛實錄就要開演，體位還沒喬好就已經騎虎難下，怎麼辦？

欣西亞第一個答案絕對是：不要啊！因為公開啪啪啪觸法。「如果撇開會觸法不談呢？要直播嗎？」懷著星夢的妳躍躍欲試。當然還是不要啊！如果真的想效法舒淇一脫成名，至少也尋求正常的管道，因為在APP脫給大家看跟在電影院脫給大家看，完全是兩碼子事。為了迎合而賣弄，妳的人格就跟射在地上的高蛋白一樣蕩然無存，一旦直播出去，便宜了男友，讓外頭男人多打了一次手槍，對妳實在一點好處也沒有。

不過欣西亞能理解兩人想拍拍看的欲望，因為人家就是想看看自己在床上的表現嘛！因為畫面好性感還可以增進情趣呀！因為我們就是想挑戰舒淇跟梁朝偉的演技啊！因為……老娘跟Shane，也‧拍‧過。（拜託！咱們夫妻倆在網路節目大聊性事多年，又那麼愛面對鏡頭，怎麼可能不做出這種事呢，是吧？）

要拍攝啪啪啪性愛實錄，不是不行，只是請你們在私底下拍，而且現在網路發達，架起攝影機拍完，整卷帶子就忙不迭傳送到手機，或蓄勢待發上傳到任何陌生人都看得到的地方，簡直太容易了。為了保護自己，我建議妳先切掉房內所有Wifi，拍完即刻觀賞，觀賞完立刻delete，再不放心，乾脆戴面具把臉遮起來做好了，如果影片外流，至少也看不出到底是誰。無論如何對方再怎麼花言巧語，都不准讓他備份保存，免得日後分手節外生枝，被未來的老公發現自己成了AV女優。然而，防範得再怎麼滴水不漏，拍了，就一定有風險，如果做這件事會讓妳擔驚受怕，那還是別做。

然而，拍攝過程的確香豔刺激……（話鋒一轉＋掩嘴笑）。根據欣西亞實戰經驗，有攝影機在就是不一樣，鎂光燈一打下去，任誰都會想當superstar，所以上場後男女主角渾身戲胞大開，叫得更銷魂不說，表情絕對比平時投入，擺出的姿勢也一定更加到位，任何角度都能專業得喬落企，各種台詞都能天外飛來一筆，而且兩個人都會不約而同地看鏡頭，因此就會有「欸，寶貝，妳頭挪一下，因為擋到我了」或有「這個姿勢不夠搶鏡，再換一個」的情況發生，巴黎鐵塔幾乎要翻過來倒過去了，而本來只演一齣會變成加碼好幾齣，沒那個時間體力，切勿輕易嘗試。

坦白講，在閨房拍攝屬於兩人的情慾片已經見怪不怪，只是身為女生，該如何保護自己，分寸一定要拿捏好。如果實在無法勝任，也一定要勇敢跟導演溝通，千萬不要半推半就，而如果男主角因為女主角不配合就跑去找臨演或替身，那愛情這場戲就別再發他通告，直接 fire 才是明智之舉。

搶救「快槍俠」應變對策

曾接到某位網友來信說：

最近新交的男朋友對前戲用心，size 也夠，但是個快槍俠，讓我每次才剛要享受就結束了，想溝通但又害怕傷到他自尊心，該怎麼辦才好？

老實講，無論兩人交往多久，再怎麼無話不談，一聊到床上的表現，除非是「寶貝，你剛才勇猛到讓我腳都軟了……」這種褒揚式的讚美，否則氣氛很難不馬上凍結。

尤其男人在性這方面又很脆弱，如果當真被客訴說滿意度不佳，不但玻璃心碎滿地，還可能見笑轉生氣認為「那是妳不懂我的好」而尋覓下一個愛用者。然而欣西亞也不贊成大家都不說，因為有檢討才會有進步。畢竟很少有鞋子天生就合腳，客製化，才好穿嘛！量身訂做適合齋齋的屌，它才能發揮長處，精進短處，達到物盡其用，符合人體工學。如果對方總是洩很快，以下三招，提供各位參考！

第一招：don't say it, just help him.

當彼此交往不久或認識不深，多說只會多錯，況且我相信早洩或不舉這種力不從心的事，不用妳開口，對方鐵定心知肚明。這時再提出來，等於是在傷口上撒鹽巴，與其浪費口水討論，倒不如費些唇舌跟他的老二談心。有時候太快或太軟是心理因素導致，不妨將戰場從齋齋改到別的地方，不一定要性器相投，口手並用，也許會有令人意想不到的效果。

第二招：如果真的想 say something，挑下流的說

好吧！有些人的個性就是不吐不快，悶在心裡只會憋出病來。如果妳真的很想說些什麼，請用淫聲浪語 dirty talk 代替。話說這次欣西亞去飄眉，過程中美容師一直不停找話題跟我閒聊，讓我原本緊張怕痛的心情紓解不少。要男人在床上金槍不倒凍ㄟ固也是一樣，就是讓他分心：「寶貝，你看我好濕哦……」「你這樣吻讓我好興奮哦……」既然那麼想講，那就請妳講個夠，愈下流愈好，詞窮就直接叫床，目地是轉移注意力，抽插時就切換成啦啦隊高規格的歡呼聲，讓他一舉順利達陣，觸地得分！

第三招：讓他自己說，而妳只是幫他解決煩惱

於是妳心酸腹裡吞地一路走到這裡，對方還是沒進步，想想也該打開天窗說亮話了，聰明的女人絕對不會自尋死路主動開這個口，而是要鋪梗叫他出來面對。

梗怎麼鋪？就是在他洩得不切時機，軟得不是時候時，給予一個溫暖的擁抱，並說：「寶貝，最近很累（壓力很大）厚？」這個「厚」，就像沈春華的神奇麥克風，往前一遞，對方就會開始討心挖肺地吐實。當他回答：「嗯，最近真的比較累！」妳就可以安慰：「沒關係，那有什麼是我可以幫忙的嗎？」甚至建議：「我們下次可以用玩具，幫你分擔壓力……」如此一來，我們只是幫他分憂解勞，比起「親愛的，花嘿噴 to your 老二！」是不是更加貼心？

第四招：不是叫他看醫生，而是陪他一起看

當事情走向白熱化，就是對方認知老二愛快閃的症頭，而兩人也端到檯面上來討論，請妳陪同一起尋求醫生的專業，而不是要他一個人面對。就我所知，天底下沒幾個男人喜歡跑泌尿科，因為那證明他們真的「有問題」，這時候，女人就要發揮智慧，讓他覺得這是兩個人的事，而不只是單方面的責任，如此一來，心態上較容易釋懷，自然願意接受檢查。

如果能選，沒有人願意當「快槍俠」或「舉弱男」，若當真遇上了，也希望姊妹淘們不要那麼快就對他放棄治療。佛家說：救人一命勝造七級浮屠。其實，搶救一隻奄奄一息的小鳥，功德更是無可限量。只要我們有愛心、耐心跟包容心，循序漸進，相信再怎麼不爭氣的鳥兒都能逆・轟・高・灰！最後，祝福大家手邊的屌都能發揮得淋漓盡致，好用的不得了唷！

搶救愛情的SOP流程

每個企業都會有所謂的SOP，意為標準作業程序，原本目的是求操作步驟標準化，以求統一的格式，後來也衍生成危機處理的步驟。如果解決問題有一套最正確的模式，那在愛情面臨危機時，是否也該有這樣的處理程序？好在迫切的緊要關頭，得到迅速有效的處理。下列是欣西亞認為搶救愛情該採取的態度跟行動，寫出來和大家分享。

SOP流程第一步：請試圖保持冷靜，並用一種「局外人」的身分冷眼旁觀

在得知感情出狀況的當下，無論是發覺第三者介入，還是對方跟前任藕斷絲連，胸口除了五雷轟頂的震驚，憤怒、傷心、痛苦……想必也跟著排山倒海而來。此時，不管是多麼六神無主、心亂如麻，請一定要深呼吸，並且保持冷靜。因為情緒對眼前的挫折於事無補，花多餘的力氣專注在負面感覺也無法幫妳度過難關。我知道妳很痛，但是，請先麻木所有身為「女朋友」該有的知覺，試著將靈魂抽離，把自己想成局外人，如此一來，我們才容易用一顆清醒的腦袋，去檢視目前的情況。災難剛發生會有所謂的黃金救命期，浪費時間在身為女友應該的痛哭流涕跟和捶胸頓足，妳能保住愛情的機會就正在點點滴滴流失。

SOP第二步：用理性的一面思考

人有感性跟理性兩面。這時候，請盡量把它們一分為二，強迫自己用理性的一面去思考，而不是讓情緒去判斷，甚至支配了妳的行為。譬如像個瘋女人一哭二鬧三上吊，不斷透過各種管道辱罵他或是一味責怪自己都是big NO NOs，這樣不僅只會讓情況愈來愈糟，還會把他愈推愈遠。

至於要思考什麼？當然是思考這個人是否值得妳的愛？是否值得妳挺身捍衛？如果他願意回頭，妳還要他嗎？面對這段不再完美的感情，妳能夠包容嗎？如果連自己都不曉得該怎麼辦，後續動作全是白搭。畢竟，不要跟他在一起，就會產生說再見的方式，如果還想繼續下去，當然就是要將自己切換到戰鬥模式囉！

SOP第三步：執行力100%的行動

一旦清楚想要的什麼，接著就是採取百分之百的行動，找另一半溝通，清楚表達自己的心意，也詢問他的想法，找出兩個人的共識。

如果彼此都願意再試一次，就重新鞏固彼此的關係，然後討論怎麼面對第三者，「安內攘外」雙管齊下。如果對方執意離開，那我們當然就要保護自己不受到更多更大的傷害：刪除電話、封鎖FB、將他的照片全放把火燒掉等，或大哭後再振作，或是讓自己變得更美更有魅力。無論是採取什麼樣的動作，切記自殘絕不是在考慮範圍內，因為目的是讓他後悔，而不是讓愛我們的人惋惜。

SOP第四步：無論是修復或是遺忘，都交給時間去處理

破鏡不可能在24小時內重圓。世間上沒有特效藥能讓破裂的關係、失去的信任或徹底撕碎的心，在一夜之間重回當初的無瑕完整。此時，我們能做的，就是把一切交給時間去修復、沉澱、淡忘，然後重新出發。

SOP第五步：抱持樂觀和懷抱希望，並且再度相信

不管傷得多重，哭得多難過，或被打擊得體無完膚，請千萬不要放棄愛情。妳一定要持續樂觀，繼續懷抱希望，相信自己一定會再度幸福，這是最後一步，也是最重要的一步。

以上搶救愛情SOP的五個步驟裡，欣西亞覺得最後一步做起來最難，但還是

鼓勵妳不要輕言放棄。因為愛情，雖然總是讓人不由自主把心交了出去，也冒著心碎受傷的風險，但只要碰過一次最真的愛，就值得了無數次的傷害。愛的力量使人強大，只要勇敢不退縮，總有一天妳會看見，那個為了守護愛情而變得堅強耀眼的自己。

分手炮，打？不打？

不曉得從什麼時候開始，「分手炮」成了情侶分道揚鑣前可能進行的一項儀式，通常由被甩的人提出居多，裡面又以男人占大部分。欣西亞猜想這大概跟他們 always 用下半身思考，無時無刻都想找洞鑽有關。尤其，今天過後，要找一個名正言順啪啪啪的伴都是個問題，否則就只能回到左右手的懷抱。「有洞堪做直須做，莫待無洞空夢遺」，既然此時此刻對方還算是我的女朋友，乾脆把心一橫，提出再見全壘打的要求。無論如何，分手炮基本上算是種怨念下的產物，除了剛才說到的不打白不打，男人其實還有其他動機，如下：

一是企圖挽回感情

他心裡可能覺得：兩人雖然常吵架，但也總是「床頭吵，床尾合」，就是因為彼此的身體很是契合、性器非常相投，所以好傻好天真的以為只要再讓他發揮實力，妳分手的念頭就會隨著高潮煙消雲散。

二是挾怨報復

怎麼報復？很簡單，要求打一炮趁機不戴保險套，中出加內射，一舉成功的把女生搞懷孕。既然要離開我，老子就讓妳吃不完兜著人命走，正好毀了妳下半輩子。

三是女友做不成，當炮友也可以

不得不說，要求打分手炮也是男生在為炮友鋪路。他其實不介意失去妳，但會在意沒愛可做，所以用sex為兩人的關係重新定義，怎麼結束怎麼開始，以後就用約炮保持聯絡溜啾咪。

看完以上欣西亞精闢的分析，姊妹淘們是否覺得男人心機實在很重，愛不到妳就想毀了妳，得不到妳乾脆上了妳！接著我們來討論分手炮是否給打這個問題……

很多女生總覺得順著對方的意思打完最後一炮就可以為關係劃下句點，根本大錯特錯。如果他的動機是挽回感情，上床只是給對方「無望的希望」，因為這類男人並不認為妳分手的原因是兩人問題太多或個性不合。妳也不是不愛了，只是忘記自己有多愛，所以提出打分手炮，企圖用床上的溫存使舊情復燃，讓女生恢復記憶，如果妳接受，正好幫助男友逃避感情變質的事實，讓他覺得還有繼續的可能，接下來自然不會放妳走，而會一而再，再而三的牽拖。於是，歹戲拖棚新戲就無法上場；前男友賴著妳就沒辦法認識新歡，愛情從此烏雲罩頂見不得光。

有些女生確實會對前男友的龜頭放不下，畢竟東西用久了還是有感情，看在老二還有利用價值的份上，湊合著邊打炮邊打發時間也可，不在乎炮不炮友，只要別阻礙老娘交新男友就好。如此一來，分手分得既不乾淨也不乾脆，摻雜著舊情玩舊情人的屌，成分已經比一般炮友更不單純，關係複雜比交往中更糟糕。「騎驢找馬」用在別地方還可以，最好別用在愛情，因為驢背上的人，往往忽略要騎得住馬，還需要更高強的本事！哪天好馬終於出現，誰知道連坐上去都成問題，搞得兩頭空，豈不是賠了夫人又折兵？妳跟前男友當炮友好比把他當驢騎，一旦騎習慣就被制約，就算更好的戀情降臨，恐怕還是沒妳的份。

要不要打分手炮？欣西亞會說：打了沒好處，絕對不要打。千萬別看在男友求爺爺告奶奶，哭得淚眼婆娑的模樣，一時心軟就讓他得逞，只會後患無窮。不過有些男人很賤，盧洨洨不成就獸性大發硬上。為了維護自身安全，談分手拜託不要選他家你家或任何隱秘的地方，也不要單獨相處，請去公眾場所，並找朋友陪同。再不然一不做而不休把談判地點約在警察局，有人民保姆全程監控，諒他連屁都不敢放，更被提還有膽子說要打分手炮了，是吧！

專欄★聽聽Shane怎麼說

為什麼男人比女人更愛偷吃？

為什麼男人比女人更愛偷吃？我想是因為男人的天性愛冒險，喜歡遊走在危險的邊緣，「挑戰」兩個字像血液般流竄在體內，也是我們的DNA。

記得小的時候，我常跟朋友一起玩「跳屋簷」的遊戲，從這個屋簷跳到下一個，誰跳得最多就勝利。這個遊戲非常驚險刺激，因為每個屋簷的間距不同，有的窄有的寬，房子的高度也不一定相同，雖然最多不會超過二樓，但如果摔下來，還是很可能造成嚴重的傷害。對男孩子來說，骨折或摔斷腿並不足以喝止我們如此愚蠢的行為，畢竟挑戰成功的虛榮感太教人沖昏頭，倘若真的摔了，那……等發生了再說吧！

偷吃，其實也是相同的道理，就算知道被抓包會讓穩定的關係陷入危機，男人還是躍躍欲試，尤其這件事是不被允許，是壞的、是種禁忌，「愈不可以的事愈要去做」，當然就更引人犯罪了。除了愛破壞規定，一般來說，男人確實也比女人更容易缺乏自信（這也不是我們願意的，而是整個社會對男人的要求比對女人更高），我們會做一些蠢事只為了證明自己的能力，證明自己還年輕還很有魅力。

所以，如果妳是小三，他搞上妳恐怕不是因為愛，而是妳提供了刺激和信心的來源，不但是春藥還是回春之藥，讓他不但能在床上嘗鮮，還有返老還童的錯覺。

如果妳是人妻，該如何避免男人做出「偷吃」的危險動作？解決方案不外乎投其所好，提升自己的難度，他來挑戰妳都忙不完了，更別想去闖外頭的關。如果不巧被抓包，就一定要讓他摔個半身不遂，或讓他損失慘重，痛得不敢再試第二次……這讓我想到小時候跳屋簷的最後一次是在醫院躺了半個月，後來此生就再也沒有做過了。

無論如何，還是老話一句：不管結婚多少年或在一起多久，保持神祕感和令人難以捉摸，男人就會對永遠妳樂此不疲、孜孜不倦。

CHAPTER 4

× 談相處對策

男人是插頭，女人是萬能轉接頭

肉體契合，是不是戀愛？

如果說，床上的兩具肉體，生活毫無相干，興趣也毫無交集，然而，做起愛來，每個姿勢都非常符合人體工學，每個角度都切合的十分到位，性器接合得那麼穠纖合度，抽插的頻率也默契十足，這樣的雄和雌，男和女，一個陽，一個陰，看似黑白相異，卻又在天地混沌間融合成最圓滿的太極。當高潮一觸即發的同時，妳飄飄然，然後下了註解：或許，肉體契合，也算是戀愛的一種。

如果說，路上手牽手的戀人是心靈相通，無時無刻對彼此體貼關懷，做什麼都互相陪伴，那麼，沒真正交往，但在肉體上情投意合，性器緊緊相依跟牽手好像也沒什麼不同了。兩人熱烈的唇舌糾纏，是另一種形式的噓寒問暖，就算沒有常伴左右，但……嘿！我們此時此刻是在彼此的體內，充實、飽滿、實實在在，難道這樣還不夠嗎？於是，妳茫然中給出定義：也許，下體小宇宙爆發的酥麻，那便是戀愛的感覺。

哦不！親愛的，妳錯了。

我必須很殘酷的告訴妳：無論肉體再怎麼契合，這是做愛，不是戀愛，妳跟他只算炮友，不算男女朋友。

男生和女生對同一件事的感受本來就有差異，否則關起房門就不會有人 high 到不行，有人卻演得高潮迭起。愛情的降臨通常伴隨著怦然心動，心動會使人想愛護、珍惜對方，並且產生專一及獨特性，無論天地悠悠，過客匆匆，他眼裡看到的只有妳，潮起潮落仍然不離不棄。而性吸引力就只有衝動了，既然只想衝洞，當然誰都可以，偶爾幸運遇到尺寸吻合、功夫到家，還配合得宜的下體，充其量也只是場精彩的八二三炮戰，稱之為做愛都嫌多餘，就算妳有特異功能可以讓他射超過六百秒，對方也無法勉強認證為十分鐘的戀愛啊……（兩手一攤）。

既然如此，為什麼還有這麼多女生對上床的對象產生情愫？我想是因為生理構造的不同，男人的命根拋頭露面，如同浪蕩在外的遊子，總是在找避風的溫柔鄉。女人就不同了，閉月羞花暗藏在兩腿深處，低調內斂，於是，在性交的過程中，男人插入就像大舉進攻，城門敞開則有了接納臣服，這麼一來，一顆心再怎麼固若金湯也遲早會淪陷。這就是為什麼男人比女人擅長性愛分離，因為「攻下這個城，還有千千萬萬的城」，怪不得張愛玲說：「通往女人心的路，是陰道，是陰道，是陰道……」（因為很重要所以我 repeat 三次）。

不管肉體多有麼契合，高潮是多麼激烈，打炮就是打炮，結束就回家洗洗睡，實在無需太認真。如果妳把持不住對炮友有了真感情，也許可以試著跟他培養上床以外的興趣，要由性生愛並非不可能，只不過這是險招中的險招，畢竟此人也許早有其他床伴，能跟妳合拍（啪），也可以跟別人 match，現在要他集三千寵愛在一鮑，恐怕不是件簡單的事。不過，張小姐也說了：「通往男人心的路，是胃。」既然如此，乾脆先精進廚藝燒一桌好菜，同時餵飽他的性慾跟食慾，搞不好，會有令人意想不到的效果也說不定。

最容易演變成「炮友」的關係

炮友，指的是非戀愛或婚姻關係，卻有性行為的朋友，雖然有肉體接觸，卻不一定尋求穩定發展的男女。它和一夜情不同的地方是床伴不但固定，做愛次數還會repeat，而不是打完就撒喲那啦，算是某種程度上最熟悉的陌生人。那麼，各位姊妹們現在可以掐指一算，看看符合以上定義的朋友，有多少個？

在這充滿男歡女愛又五光十色的社會裡，無論是誰，現在或是過去，身旁有幾個炮友其實也沒啥好稀奇的。然而，我猜很少女生打從一開始就立志當炮友的，大多數的人似乎也是在莫名其妙的情況下變成這種身分，等到發現才為時已晚，無法抽身（畢竟人家也進到妳身體裡了）。今天欣西亞就來跟大家分析一下最容易演變成炮友的幾種關係，想規避的人可以看看做個參考。

關係一：交往結果分手的情侶

由前男女朋友變成炮友，除非當初是床事沒喬好而分手，否則容易指數不但五顆星還名列前茅。畢竟兩人對彼此的肉體既投入又不陌生，也有深厚的情感做基礎，而在無數次床上的隊形排列、前戲步驟、體位結合，以及個人喜好都有一定程度的了解。雖然分手了，但之間的默契騙不了自己，撞擊的速度、抽插的深度、啪啪聲的頻率都能精準到位，這些條件跟新對象不是十天半個月就培養得出。既然因了解而分開，那就少說話多炒飯吧！相愛好難，做愛，就簡單多了不是？於是，有些前男女朋友對彼此最溫腥的問候就是：「親愛的，你一定要過得幸福，不過，先跟我來個一連串的高潮，再說吧！」

如果想避免跟舊愛分手後還性器接合，分手時莫打分手炮，分手後也莫再滾床單，就算男友苦苦哀求：「拜託跟我做最後一次，做完我們就ㄘㄟˋ！」也不要開始脫衣服，因為男人要求打分手炮就是在幫炮友鋪路，如果妳不想，請一開始就斬釘截鐵的拒絕。

關係二：友達以上，戀人未滿的男女

雖然如此，男女生的反應恐怕大不同，當女生發覺自己是對方炮友時會大罵靠腰，男生則會覺得「唷，美麥哦！」，接著在嘴角蕩漾自豪的微笑。

妳對他很有好感，兩人也糾纏一段時間了，從牽手、接吻到性器相投都接連達陣，情侶間肉體該有的進度從沒少過，但就是缺乏一對一的承諾。於是妳發現，他牽妳的手，另一隻還不安分地伸進衣服裡面；他邀妳吃飯，接下來連鮑魚也同樣吃乾抹淨；他送妳回家，結果還貼心地陪妳一起滾上床，他每次看到妳都血脈噴張好衝動，最後也絕對用衝洞劃下一個完美 ending。這樣的 case 也很常見，妳跟他曖昧搞到沒變成女友反而成了炮友，而且他還有很多盟友每天都在打八二三炮戰……哎呀呀！真是不可不慎。

避免成為炮友的方法就是不要讓他那麼快「破關」。男人都喜歡有挑戰性的東西，難度愈高的遊戲，他們不但愈有興趣，而且也愈投入。所以，從一壘二壘到三壘，每個都要讓他卡關卡久一點，啊捏更有樂趣。至於要不要讓對方破到妳最後一關，我認為等他提出正式交往再點頭也不遲，因為美好的愛情值得等待，願意等待的才是好男人。

當朋友本來就該互相幫忙，如果正好有需要，用彼此的肉體溫暖對方，下體插入加油打氣或關起房門搖屌吶喊其實也很天經地義。重點是兩人之間要有共識，並清楚明白本身被歸於什麼樣的類別。人不能沒朋友，每位朋友的功能也不盡相同，所以子曰：「友直，友諒，友多聞。」對於炮友，當然就是「I fuck, you fuck, we fuck together.」囉！

最後，祝福天下的朋友都手足情深，相親相愛，best friend forever。

「好炮友」基本守則

之前和大家分享「如何從炮友變成女朋友」和「最容易演變成炮友的關係」兩篇文章，如今秉持淫海無涯，為勤是岸精神的網友們又來提問柳！這次的問題是：

> 我剛和某個男生變成炮友，但畢竟是第一次，所以很需要一些 guideline。請問欣西亞，炮友是否有注意事項？有的話請提供出來，因為我真的很想做一個稱職的好炮友啊！

看到這個問題時我不禁感動的潸然淚下，子曰：友直，友諒，友多聞。大家出來玩就是要交朋友，但卻很少人在深夜捫心自問說我想當損友？還是益友？這位同學和對方就算是只有肉體關係，但還是想做到貼心誠懇，如此推己及人實在值得效法。所以，廢話不多說，趕緊來分享我給各位的「好炮友」基本守則。

好炮友，一day一day碰就好，可不能碰出人命

既然只是炮友，你們之間就只有「一day一day碰」。不過這個碰只應該是下體碰撞的節奏，如果玩到碰出人命，一開始他的雞妳就該no素（對！連素素看都不行），否則不但無法當選孝親（雞）楷模，還直接成為炮灰，嗶嗶！醜一。

最佳炮友的首要資格就是保護自己也保護他人，「工欲善其事，必先利其器」，既然要出來玩就要全程配戴保險套，沒做好安全措施就不要出來混，請速速從江湖隱

退，寧願敲木魚修身養性，也不要放鮑魚出來危害人間。「問題是他不戴啊！那我有什麼辦法……」妳噘起嘴巴嘟囔。親愛的，對方不配合，妳大可走人，或將男人鞭數十，驅之別院。放進去就放進去，加熱生米恐怕就煮成熟飯了，打炮跟中出是兩回事，爽到他，甘苦到自己絕對NG。

好炮友，heart to heart就是掉漆，請少說話多做事

如果說手帕交跟閨密的功用是喝咖啡聊是非，那炮友之間就是少說話多做事。既然目的是摩擦生熱跟燃燒下體的小宇宙，那兩人見面時就應該埋頭苦幹，共同目的是炸得火樹銀花。有些女生很喜歡邊聊天邊培養情緒，否則就會沒FU，實在令人阿雜，因為打炮純粹肉體歡愉，下半身的開關必須切換自如，倘若還要heart to heart才

能進入狀況，那實在很不professional。更何況一場刺激歡愉的性愛通常不會夾雜太多talking，光是69式就讓舌頭忙不迭惹，更別提因為高潮而從嘴巴爆出野獸般的聲音，如果還有閒功夫練會話……小姐妳要不要直接報名地球村比較實際一點？

好炮友，唯一的互動是上床，唯一的興趣是性器相投

很多女生的炮友幾乎是從前男友或哥兒們演變而來，生活很難沒有交集，如果是這樣，奉勸妳將彼此的關係劃分得愈清楚愈好。唯一跟他的互動是上床，和他唯一的興趣只有性器相投，其他的，該排除就排除，因為不但多餘，還可能發生《色戒》王佳芝說的：「他不僅要鑽進我的身子，更要像條蛇一樣鑽進我的心」。所以為何在第二點就提醒大家一定要「少說話多做事」，因為話多容易有情感交流，有了這層的羈絆，你們的關係就不會純粹。

好炮友，絕不說：「我愛你」

好炮友守則裡殺傷力最大，也最足以毀滅一切的不外乎短短「我愛你」三個字。說穿了，如果想跟妳談戀愛，男人就不會只把妳放在炮友的位置。然而，萬丈高樓平地起，要從炮友變成女朋友不是不可能，也非常勵志。只是出發點不純粹的sex總是不會盡性，無心插他才更可能柳成蔭啊，孩子！（眨眼）

社會裡的現象千奇百怪，人與人之間的關係也百百種，欣西亞以上所提出的「基本守則」不是王道聖經，只要妳和他彼此有共識，分寸拿捏得宜，就算不完全發摟這四點也OK，重點是你們玩得爽和開心。希望天底下每個炮友都相親相愛，友誼永遠不會散哦！

「調情」和「出軌」的界限

無論男女，我想應該沒有人不喜歡「調情」。我甚至相信，只要是人，多少會享受和迷人的異性（對！沒錯！這是前提）打情罵俏，畢竟誰不希望受到青睞和注目，尤其面對的是吸引到自己目光的陌生人？

用言語挑逗，搭配些無傷大雅的肢體語言，讓若有似無的電流在空氣中流動，我們像故意捉弄對方的孩子期盼著他的反應，一舉一動都成了刺激好玩的遊戲，就像在網球場上，妳出其不意的發球了，然後看他如何接招？有些人是箇中老手，球不但接得穩，反手拍也回得漂亮，這麼一來一往創造出精彩的火花；有些人可能是第一次，完全沒防備妳就殺他個措手不及，雖然球接得險象環生或漏接，但難得瞧見男人羞澀困窘的一面，妳也有當觀眾的樂趣。無論如何，欣西亞覺得「調情」需要某種雷達，當雷達打開，妳就能探測對方對自己有沒有好感，是否到達「可調情」的程度，到了才採取行動。因此，不是每個跟我們擦肩而過的路人都能這樣玩，否則容易自討沒趣。

對於 flirting（調情），不得不說，我和 Shane 兩個都超‧級‧喜‧歡‧的。婚前大家各自發揮到極致就算了，婚後偶爾技癢，竟然也會忍不住在彼此面前獻醜一下，因為同是興趣（這樣說也太妙），只要不是太超過，倒沒吃醋的問題，但還是會討論它跟「出軌」相比，界限在哪裡？免得對方狀況外。

界限一：調情頂多打嘴炮，出軌很多都直接打炮

對於可愛的超商店員或辦公室的小鮮肉，調情是妳可以用言語挑逗，用嘴巴調戲，但最多就只有這樣了，千萬不要打了嘴炮又跟他打炮，性器相接同等於出軌，這不但是民間的common sense，是徵信社判定偷情的證據，也是法院通過認證的。總之，「君子動口不動手」，如果動了手，那妳很可能就淪為婊子。噢！還有，打嘴炮的定義是用文字，而不是「用嘴打炮」，因此別企圖偷呷步用舌頭讓他的胯下變阿雞濕，這樣也稱不上是正統的flirting，醜一！

界限二：妳不會當真喜歡上調情的對象，但會愛上出軌的男主角

面對調情對象，妳只是有have fun的FU，但距離喜歡其實還有十萬八千里。這就

是為什麼有些女生對調情的對象不會太挑，反正就只是開開玩笑、揩揩油嘛！又不是要交男朋友，用不著東挑西揀，甚至她們有時連FU都不到，純粹想撒嬌請男生幫忙，調情確實更容易達到目的。所以這些男人絕對不會是唯一，他們可能是路人甲，可能是黑貓宅急便，也可能是推銷商品的業務員，各個有機會，人人有希望。出軌就不用說了，妳不但只跟同一個人做愛，還愛得死去活來，劈腿就是劈腿，哪來那麼多的廢話。

界限三：調情是一切都在掌握之中，出軌則是全面失控

調情就像點蠟燭，妳點，他就亮，妳吹，他就滅，因為一切盡在掌握之中，所以微弱的燭火無法釀成巨災，一分鐘或幾句話不成氣候所產生的 sparkle，對妳構不成什

麼威脅，因為老娘說了算。出軌則像是在玩火，對方不但危險還是易燃物，妳引發了導火線就可能跟它同歸於盡，感情無法收放自如，越陷越深讓對方燒過界，開始干擾妳的感情生活，導致事情愈演愈烈，等到局勢像大火一發不可收拾，妳不但難以抽身，更是引火自焚。

坦白說，「調情」好玩之處就是男女迸發火花，為平淡無奇的互動增添新鮮和刺激。但請記得「星星之火，可以燎原」，如果妳並非單身，那就已經失去遊戲人間的本錢，點火的行為還是少碰為妙，因為有些男人就是蠟燭不點不亮，點了不但亮，還亮到火燒厝，以為妳真想跟他來段露水姻緣或禁忌之愛，開始勾勾迪糾纏不清，讓原本美好的愛情陷入困境，招致毀滅，反而得不償失。

沒有插入，算不算背叛？

不曉得從什麼時候開始，「柏拉圖式愛情」在男女間默默流行了起來。說是默默，因為靠的是心靈相通，除此之外，再無其他，完全發摟《詩經》中的發於情，止乎禮，性器相投 **OUT**，心電感應 **IN**，蓋棉被也能純聊天，光是情感交流已能教人風雲變色，精神戀愛同樣燒得乾柴烈火。

不過，有正牌就會有山寨版，另一種人可就沒那麼仙風道骨了。明明是暗通款曲也性慾橫流，但因為「已婚」的道德約束，致使她再怎麼想吃那塊肉，也得靠強大的意志力咬牙撐著。畢竟，沒插入，還是別人的妻子，插入了，就是人盡可夫的婊子；插入前，是循規蹈矩的良家婦女，插入後，就是不三不四的荒淫蕩婦。有沒有插入，似乎，是種紅杏出牆的認證啊（敲木槌）！

精神出軌，到底算不算背叛？答案見仁見智，基本上做的那一方都會說不算，被劈腿則都點頭如搗蒜。在欣西亞看來，無論妳跟對方是真的純粹愛而不想做愛，還是一二三壘都上了只差沒揮出全壘打，結論永遠只有一個……

人們常說：夫妻同心，意思是夫妻兩人志同道、合同心。如果妳的心已經不再丈夫身上，反而跑去跟老王交心，就算沒上床，也破壞了夫妻的定義；就算還是跟老公做愛，夫妻二字似乎也名存實亡，已經離異的心，跟出軌有何不同？

又好比在清水裡滴入墨汁，水雖然還沒全黑，但也濁了，除非睜眼說瞎話，否則無法硬拗既然還沒變成黑水，所以仍舊澄澈乾淨。髒水如同妳的感情已經變質，不忠了，有二心，無論有沒有性交這最後的臨門一「插」（腳），那還是同等背叛。

然而事情本來就有輕重之分，和第三者談起精神戀愛，跟「不但談了戀愛，也有了性交」，程度還是有差。這程度，指的是普羅大眾跟老公的接受度，倘若被抓包，前者能瞎掰說那只是心靈寄託，比較容易被理解，並且獲得原諒，後者嘛～在古代是要被抓去浸豬籠跟遊街，在現代則是被鄉民起底，遭受網路罷凌。長得正還有機會上新聞被媒體大肆報導一番，獲頒「美魔女」or「性感人妻」的封號，趁著風向對搞不好還能加開粉絲團變成新一代女神，結局反而因禍得福也說不定。

科技日新月異，光世代拉近你我的距離，就算家中坐，也還是可以打開電腦視窗、滑手機登入 APP，在網海中尋找觸電的感覺。就我所知，已婚男女在網路世界談戀愛的大有人在，他們跟螢幕另一頭的人傾訴自己的煩惱和生活的殘酷，抱怨配偶的不體貼，感嘆為何最懂自己的人不近在眼前。雖然不曾謀面，只是閒聊談天，所感受的愛和關心，竟然比跟另一半擁抱實在；雖然沒有肉體接觸，情慾僅靠文字敘述一來一往，按下enter鍵彷彿觸摸到G點，竟也給人抽插才有的高潮。如此跟網友大談男女關係，實踐飯島愛口中的「柏拉圖式性愛」，這樣的人說自己對婚姻忠誠，鬼才相信。

背著另一半亂搞本來就不應該，無論有沒有把這個「搞」變成動詞，「背」已經是種背叛。兩性關係裡，不開心，就說出來，有問題，請勇於面對，老王再怎麼善解人意也不見得真的是soulmate。畢竟甜言蜜語、連哄帶騙壞男人最擅長，日久見人心，沒有長時間的考驗，知己或閨密到頭來都有可能是屁。總而言之，老公可以不曉得妳的所作所為，但妳對自己在幹嘛必須清清楚楚，千萬不要自欺欺人，因為那不但可悲，也令人瞧不起。

「門戶洞開」最佳時機

在LA居住的時候，常聽我的美國女朋友說：「第一次約會千萬不要上床，否則戀情一定會告吹。」後來回到台灣才發覺這根本就是兩性關係的不成文規定，第一次約會就滾床單，彼此成為炮友的機率絕對大於男女朋友。對男生來說也許沒差，因為多數男人恨不得自己炮友滿天下，但是對想擁有穩定戀情的女人來講，到底要約會幾次？兩個人進行到什麼程度？什麼時機才是「門戶洞開」最佳時機？才不至於上了床就被甩，那就十分需要三思而後行。

在這邊欣西亞必須要說個殘酷的故事，前陣子扭蛋機正夯，我身旁有個男性朋友為之瘋狂，只要經過便利商店，看到門口有機器，就會忍不住掏錢出來玩，每次觀察他的表情，投幣的時候是既興奮又期待，聽到「卡啦！」一聲面部迅速潮紅，扭開蛋殼、拿出小公仔的那一剎那，他的雙眼發直，亮的好像會射出雷射光，然而才不一會兒的功夫，他很快回復平靜，等到下個路口出現別的機台，一切又會重新上演。

「你不是剛才才扭過？為什麼現在又要再一次？」我忍不住問。

「因為我已經知道之前那顆是裝什麼了」

「所以咧？」

「問題是現在這顆我不曉得裡面長怎樣啊」他理直氣壯。

「不一樣都是公仔嗎？」

「So？打開扭蛋的過程很新鮮刺激，妳不覺得嗎？」結論是他把自己當Open將，永遠在追求「打開」的快感。

男人對女人兩腿間的桃花源似乎也是如此，除非妳擁有健達出奇蛋花招百出的本事，或像魔術師的高帽子能不停變出兔子跟白鴿，否則某些好奇心旺盛的人，探索完這個未知的天地，便急著找尋下一個冒險。於是，除了不要在第一次約會就讓對方登堂入室。「門戶洞開」其實並沒有所謂最佳時機，畢竟人心難測，就算hold住褲襠捱過前面好幾次約會，也無法證明他就是乖乖牌一枚。

既然如此，當妳決定對著他兩腿張開、門戶洞開，我希望妳是準備好的。首先是心態，如果採取這個舉動是希望能和他更進一步，將關係提升到男女朋友，或奢求他多愛妳一點。噢！親愛的，請把大腿夾緊收起來，只要把性當成籌碼武器，女人抓得住的往往是男人的屌，而非他的心。成熟的想法是我跟他上床，不是因為受到壓力，而是我願意。想跟喜歡的人發生肌膚之親是很自然的事，妳所能期盼的就是高潮（雖然那不一定會發生），那就全心投入享受。之後他是否會跟妳交往？是否會把妳當成情侶看待？說真的，無需考慮這麼多。另外，一定要有安全措施，相信在這一刻沒人希望鬧出人命，妳的下體也不想種菜花，因此保險套一定要準備，並且全程使用。

說穿了，面對性愛，只要妳心理和生理都準備好，這個時機就是最好的timing。當然欣西亞並非要妳跟約會對象上完床就要有被甩的心理準備，喜歡蒐集扭蛋的男人固然很多，但從頭到尾對同一樣模型愛不釋手的也大有人在。總而言之，尊重自己的意願，對自己的行為負責，妳才能當人生的主人，對想要的幸福才更容易輕鬆掌握。

男人是插頭，女人是萬能轉接頭

不知道從哪裡開始流傳這麼一句話：「男人就好比鑰匙，女人好比鎖，如果一把鑰匙可以開好幾道鎖，那它就被讚為萬能鑰匙，而如果一道鎖能被許多不同的鑰匙打開，那鎖就是把爛鎖。」言下之意不難聽出，若一個男人上了許多女人的床，就是「嘩！好屌」，而一個女人睡了很多男人，那便是「噁！爛鮑」。

不得不說，欣西亞聽到的當下，實在覺得這個比喻很妙，不過仔細思考後，老娘立刻在心裡大叫：這也太不公平了吧？都是同一件事，憑什麼男女生差這麼多？

跟身旁的姊妹淘康普練，她們各個兩手一攤：「啊兩性生理構造本來就是這樣，我們是孔，他們是羅賴把（台語發音，螺絲起子之意），否則誰不想當萬能鑰匙，多神氣？」哇咧！想不到連同陣線的隊友也沒人要聲援，大家都有些莫可奈何。回去又忍不住跟Shane提起這件事，想不到他反應好快，立刻答腔：「那妳不會說男人好比插頭，女人好比插座？插頭一口氣插太多插座會電線走火，瓦數不對，插錯還會碰！一聲爆炸成烤小鳥咧！」一下四兩撥千斤，還讓我笑到肚子痛。

老實講，如果真要把女人比喻成插座，那麼能轉換瓦數、通行世界各國的就會被推崇為「萬能轉接頭」惹。試想，一個好用的萬能轉接頭，實在是居家必要，旅行必備，而且如果它不僅能承接日本、香港、韓國等亞洲國家，還是個能接受歐美國家如：俄、德、法、美、日、奧、義、英（大家還記得背誦口訣嗎？）的八國聯軍插頭，你能不說它出類拔萃？能不成為搶手貨？能不被立刻揪團秒殺嗎？某摳零，因為簡直太優秀

了嘛！（撒花）

出門在外，少了萬能轉接頭，從台灣帶去的電器就完全不能用，十分不便。就算不擔心插頭燒壞，為了安全考量，不隨身攜帶就是不行，更不用說有的轉接頭還多孔設計，看是三爪插頭還是八爪章魚，通通OK！全部都可以一個蘿蔔一個坑接得厚ㄙㄟ厚ㄙㄟ，只能說它真是本世紀最偉大的發明，接得愈多，能力愈強，責任，也愈大。

還有，有些插座的設計更加進步，為了避免人為因素觸電，譬如好奇心作祟把手指頭，甚至鑰匙伸進去，還會貼心地在洞口裝設隔板。有的則是為了安全考量，僅能接受相應的插頭，就是只有特殊設計的形狀才插得進去，其他一概NO素！比起只會插來插去、逢洞就插、到處亂插而造成公共危險的笨蛋無知插頭，大家說說，咱們插座是不是有智慧有道德多了呢！（撥瀏海）

好，現在文章看到這裡，也許你覺得欣西亞的萬能轉接頭比喻很妙，也許你覺得我只是強詞奪理在硬拗。事實上，這世間還流傳著各式各樣不同的比喻，說什麼男人是茶壺，女人是茶杯，一個茶壺可以倒好多杯茶，而一個茶杯就不能去倒好幾個茶壺等等。平心靜氣論，說法人人都會，各有巧妙不同。換個比喻，其實大家都半斤八兩，龜不用笑鱉沒長尾巴，男人也不需嘲弄女人沒帶把，兩性本來就該互相尊重，並一起追求平等，誰是鎖誰是鑰匙、誰是插頭誰是插座、誰是茶杯誰是茶壺，who cares？其實，當人當得好好兒的，犯不著硬是要把自己貶低為東西啊！無論男女，對性都擁有絕對平等的自主權，保護好彼此，才是最重要的關鍵。

醒醒吧！穩定的交往總敵不過突如其來的愛情？

這幾年常常聽到原本愛情長跑多年，交往一直很穩定，幾乎已經要論及婚嫁的情侶，在最後一刻突然喊「卡！」如果喊的是女生，起碼我們自認試過、愛過，無奈彼此就是不適合，也算對得起自己了；如果喊的是男生，女生往往被甩得莫名奇妙不說，還會覺得青春被蹉跎而備感委屈。可怕的還在後頭，一段時間過去，妳還在邊撿拾碎了一地的真心邊自我調適時，遠方竟傳來教堂幸福的鐘聲……是的，沒錯！他要結婚了，以迅雷不及掩耳的速度終結單身！諷刺的是，新娘子才和他交往短短幾個月，妳

得知的那一剎那，人像被雷劈到幾乎昏厥……（背景還搭配振翅飛翔的白鴿）

為什麼？為什麼會這樣？為什麼他跟我在一起的時候沒想到要結婚？為什麼跟他走到最後的人不是我？妳既憤怒又受傷，曾經以為固若金湯的愛情現在連同信心和信任瞬間崩毀，曾經最熟悉的另一半成了最不相識的陌生人，結局是那麼地令人出乎意料，尤其妳一直覺得：「穩定」，是愛情最好的保障。

穩定的好處是兩人很有默契，熟知彼此脾性，眉角也磨得差不多，所以相處起來特別自在舒服。因為相處模式固定，就連見面約會，做愛次數都很規律，從前戲到衝刺到高潮都熟門熟路，閉著眼睛也不會搞錯地方，流程很順利，跑完就收工，這就是所謂的「平淡就是福」。但是平淡，往往也同等於「無聊、無趣」，有道是：「水可載舟，亦可覆舟」，穩定久了，就不容易有衝動改變，讓人覺得「其實這樣也很好」。只不過這樣的想法是跟妳，因為妳跟他是同一條船上的人，水面既然風平浪靜，他當然缺少動力划船，讓兩個人順利上岸，所以，他可以跟妳維持原狀，不用結婚，不代表他跟其他人也一樣。於是，一個巨浪打來，或另一艘更拉風的遊艇靠近，你們不是被淹死，就是他棄妳不顧，轉搭遊艇乘風破浪，環遊世界，然後一舉登陸。

妳還認為「交往穩定」是愛情的保命符，或是走入婚姻的保證嗎？當然不是。男人畢竟是雄性動物，需要擁有目標，不斷追逐獵物，在妳面前沒動沒靜並非安於現狀，他很可能只是在冬眠，養精蓄銳，直到肥美可口的肉塊上門，正好誘發他沉睡已久的慾望。所以請別天真以為男友遲遲不求婚是還沒準備好，因為他根本是「穩定」到整個人都耗呆了！所以連想都不會去想，也不會考慮是否該跟妳步入禮堂。

有效方法就是給予適當的刺激，譬如妳一反常態變得愛打扮，買了成套性感內衣不說還蹬上久違的高跟鞋，甚至連慣用的香水都換了，飯局或社交活動變多，還把平時的約會時間拿去學騷莎、跳倫巴，隨著共舞的男伴一個一個換，他多少會警覺到有對手出現，要把妳綁牢一點。當然妳也可以一不做二不休下最後通牒，告訴他：「娶？不娶？一句話！否則不要浪費老娘時間。」

其實，結婚就跟做生意一樣，如果東西很有價值，帶來的利益夠龐大，再如何不安於室的買家都會緊緊把握。意思是，如果妳本身就是豪門，事業成功，收入豐厚，或具備十八般武藝能把家庭打點得妥妥當當，或具備「旺夫」命格，誰是妳老公就立馬升官發財，相信天底下沒有男人會笨到不娶進門，什麼突如其來的愛情都必須靠邊站。所以，親愛的姊妹們，求人不如求己，努力把自己變成男人非得要好好把握的女人才是王道，人生的一切才能掌握在手裡啊！

愛情是一場馬拉松

有句英文是這麼說的：Life is not a sprint, it's a marathon.（人生不是短跑，而是一場馬拉松）。

在我眼中，愛情也是一樣，它不是立刻就高下立判，勝負即分的短跑賽，而是漫長距離的馬拉松，需要體力、耐力和毅力累積而成，誰輸誰贏妳永遠都不會知道，直到衝破終點線那一刻……

當初認識老公Shane是在舊金山的柏克萊校園，對他一見傾心的我不願錯過這段戀情，於是鼓起勇氣主動遞出自己的電話，搭訕的瞬間，造就接下來一千多個日子的糾結。異國戀本就不易，遠距離更是雪上加霜，再加上：本人投入的感情比他多很多，這場男女間的競賽，說穿了，我根本毫無勝算可言。

在這段愛得心力交瘁的過程裡，我受過許多傷，流了很多淚水，一路走來跌跌撞撞，就像是馬拉松的參賽者，以得到他的愛為終點，我獨自一人奮力向前跑，跑得體力幾乎耗盡，就算腿痠、膝蓋痛也不敢停。這段路很漫長，沿途的觀眾，加油支持的少，說風涼話的多，我跑得異常辛苦，很多時候也覺得委屈，問自己幹嘛來參加這折騰人的比賽？但說到底，這是我想做的事，Shane 是我想愛的人，就算老娘現在屈居弱勢，就算目前只能遙望他的背影，so what？反正人生很多事都是「志在參加，不在得獎」，而比賽還沒結束，只要我這麼跑下去，繼續跑下去，只要他還沒結婚，我就永遠有反敗為勝的機會……後話就不說了，我們才剛在四月歡度完彼此第十二年的結婚紀念，時間，真的過得好快。

人生不如意事，十之八九。愛情也一樣，無論妳是單身、單戀，還是正在熱戀中，沒人能預言明天的事會怎樣。只要對愛還有期盼，只要全心全意愛了，我們便已不由自主踏上漫長的跑道，過程中的天氣有晴有雨，每日的心境也有所不同，有時候妳對未來滿懷希望，對結果充滿想像，有時候妳感到困乏疲倦，身心靈碰上撞牆期，甚至萬念俱灰，覺得似乎看不見盡頭……更別提路途中迎面而來的障礙物：小三、情敵、他的意志不堅、信念動搖等，都令妳難免受挫。但是親愛的，這時候請妳不要輕言放棄，請妳堅持，並且懂得自我激勵，因為愛情是場馬拉松，成敗輸贏絕對不是立刻分曉，遭遇困頓的此刻，可能是路面顛簸，可能是正在上坡，又可能只是一時的打雷下雨，如果妳比誰都清楚明白自己的愛，比誰都相信幸福絕對屬於堅持到最後的人，那麼，繼續跑下去，就對了！

無論如何，這段旅程終究有落幕的一天，也許當妳衝破終點線的時候是兩個人開花結果，也許在路的盡頭迎接妳的只有自己的影子，但，對於這段感情，妳咬緊牙關挺過來了，妳用盡全身力氣跑完全程，妳他媽的用著最蠢最直接也最毫無保留的方式狠狠愛過，就算沒能抱回大獎，也有完賽後汗水淋漓的痛快！

事實上，欣西亞要告訴妳：愛情這場馬拉松根本沒有完結的一天。當Shane認真回應我，老娘一度以為自己可以功成身退，翹腳捻鬍鬚享受豐收的成果，誰知道，我們成為男女朋友之後，一切才正要開始，因為這嶄新的關係同樣需要經營，於是，我又鬼打牆的上路惹（囧）。

那種感覺簡直就像上了賊船，妳才剛跑完五公里，和他才剛進入下一個里程碑，接著眼前又出現十公里等著妳，然後十五、二十沒完沒了，就算結了婚又怎樣？我們同樣得一股腦繼續跑著，向前著，努力不懈。

結論是總愛追求一瞬間爆發力和速度感的女人，請小心別活活操死自己，既然長路漫漫，隨時調整呼吸和步伐才是勝出的關鍵。無論如何，欣西亞自己也還沒跑完，一路上我們共同加油打氣，因為只有持續的用心和付出，手心裡捧著的愛才能永恆地發光發熱。

切記！Love is not a sprint, it's a marathon.

男人這些承諾，千萬別當真

很久很久以前，看到某位即將結婚的女模在FB說：「老公告訴我婚禮想怎麼辦就怎麼辦，畢竟結婚一生就這麼一次！」立刻引來網友和粉絲的讚嘆，留言一片「好幸福」、「老公真好」、「太閃了」，羨煞許多憧憬的女生。看來婚禮預算無上限這件事讓大部份的新娘十分嚮往，只要老公拿得出錢來，並且義無反顧的砸下去，這似乎就是愛的真諦啊！這也讓欣西亞想到多年前流行過的求婚台詞：工作這麼不開心，就不要做了，我們結婚吧！

的確，當另一半說出類似這種「錢不是問題」或「錢由我來負責」這種話，教女人聽起來著實心曠神怡。

然而這些從男人口中吐出來的甜言蜜語，中聽歸中聽，悅耳歸悅耳，妳若信以為真地照做，譬如說立刻上網訂了峇里島五星級飯店海灘婚宴，或下一秒在辦公室跟老闆大喊：「老娘不幹了！」那就如同拔掉插硝，為彼此的關係投下一枚即將引爆的炸彈！因為這件事在日後將成為妳的把柄，必要時他會很乾脆的提出來將妳一軍，也許是面對婆家時，他會說：「想當初妳要怎樣的婚禮我都給了，現在要妳配合一下不過分吧？」不過用屁股想也知道，這配合當然不會只有一下，而是一輩子，妳貪圖了那幾小時婚禮的風光，結果輸了一輩子能和老公談判的籌碼，想想，值得嗎？

欣西亞絕對不是在嚇唬妳，因為我朋友的故事就是這樣，她得到的還不是什麼奢華海島婚禮咧，那時候只不過是為了雙昂貴的古董婚鞋在店裡跟老公拗半天。結果老公讓步買下，於是，往後的日子裡，只要她跟婆婆鬧彆扭或意見不合，對方就拿出這件事壓她，要她多包容多忍讓。為什麼？因為「看在我掏錢幫妳買下鞋子的份上，妳再計較就是不知感恩」，堵得平日伶牙俐嘴的她，啞口無言。

還有婚後接受老公提議「工作這麼不開心就別做了，我養妳！」而毅然決然辭職的，也請當心。剛開始兩人或許還相安無事，但時間一久，只要家裡稍微凌亂，晚餐一個沒燒好，另一半可能就會嫌東嫌西，質疑妳在家都在幹嘛？做些讓自己快樂的事，他也開始頗有微詞；跟好姊妹出去喝咖啡被翻白眼，買幾件化妝品、新衣裳要被碎碎唸；去做個SPA會被ㄎㄠ ㄙㄟˋ：「沒在工作的人還會腰痠背痛哦？」後來演變到連日常作息都要干涉，早上睡太晚、晚上太晚睡通通不OK，要一起早睡早起，否則負責賺錢養家（但他覺得是在養妳）的上班族會心裡不平衡。

諸如此類的例子層出不窮，讓女人自主權被交換掉的東西有很多：有的是婚紗，有的是多選的幾組婚紗照，有的則是蜜月旅行……結果全跳進男人挖的坑洞裡，萬劫不復。當然我相信另一半說出「我養妳」或是「我買給妳」的當下，絕對是真心誠意的，只是他一定會記住他付出了什麼，然後要妳乖的時候，拿出來貼心提醒：別忘了我當初是怎麼對妳好的（而且很重要他還會說三次）。

所以，當男人甜絲絲地說要養妳一輩子或答應妳為所欲為辦婚禮時，女人可以感動，但不一定要行動。畢竟吃人嘴軟，拿人手短，接受對方這一次，只要一次，就可能永遠被吃得死死。除非另一半真的不缺錢，但，他不缺錢，那是他的事，妳花他的錢，很可能就罪該萬死！別好傻好天真覺得他從不在乎花多少錢在妳身上，不是不報，時候未到啊！所以，各位姊妹淘們，無論愛得怎麼深切，錢不要多拿，也不要少付出，除非妳不在意關係對等、兩性平權之類的東西，那當然就另當別論啦！

愛情，好比 Hermes Birkin 鉑金包

愛情，對欣西亞來說，它就像是一咖昂貴的鉑金包，很多女人搶著要，極盡所能地希望收為珍藏，但畢竟不是夜市的路邊攤貨，並非到處都是，無法垂手可得，是名副其實的可遇不可求。

然而，就算碰上了，以為好不容易獲得稀世珍寶而樂得沖昏頭，沒睜大眼睛仔細鑑定就冒然入手，結果買的竟然是不入流的山寨包，搞得人財兩失，賠了夫人又折兵。

於是，有的女人自認沒那個命，所以連想都不敢想，反正鉑金包買不起，總是還

有別的可代替，像是親情或友情；有的女人老是苦無機會接近，卻又肖想得很，於是買了A貨招搖，順便過過乾癮；有的女人為了得到它無所不用其極，作賤自己下海撈金，企圖拿鮑鮑換包包，把人格踩在腳底下，以為存夠錢受夠委屈就能一舉將它手到擒來，殊不知，擁有了愛情，自己卻活成了四不像，就算得到了，本身條件、份量都駕馭不起，無法匹配還有股說不出的違和。然後，很快的，又被更厲害的角色給搶去。

愛情就像是一件奢華不已的名牌貨，穿戴在身上，引來姊妹淘WOW的驚呼連連，也能教路人投以欽羨的眼光。所以，對有些女人來說，為什麼要談戀愛？我想理由就如同為何想在手腕上拎一咖Hermes Birkin差不多，因為聊勝於無，有總比沒有好，而當大部分的人都趨之若鶩，原本不在意的人也很難不動心。尤其社會大眾總是倒向兩人強過一人，已婚勝過單身，造就一種莫名的虛榮感，所以無論這鉑金包是不是最適合自己？顏色是不是最襯膚色都不重要，只要是女人，就該拎一個。拎了就代表有身價，證明她是還有人要的winner。沒拎的，不會有人覺得是個人選擇，而是解讀成她條件不夠，負擔不起。就算事業有成，口袋很深，敗犬就是矮人一截。

如果，愛慕虛榮是妳談戀愛的理由，那跟為了名牌而跑去援交的無知少女，或不惜把信用卡刷爆的卡爆族有何不同？渴望得太過迫切，就容易做出令人匪夷所思的行為，像是：犧牲該有的生活品質，降低應有的高尚人格，盲目使得眼睛不雪亮，人也不再耳聰目明，或怕看得太清降低了購買慾，所以一不做二不休把自己戳瞎，導致買了個會掉漆的爛貨，顏色沾染得到處都是，毀了好好兒的上衣褲子。所以，女人不能為了談戀愛就來者不拒，因為將就湊合的下場就是碰到渣男，不挑的結果就是讓禽獸惹得一身腥，貪圖那一時的虛榮，壞了正緣，賠了名譽，一點也不值得。

為何想談戀愛的理由見仁見智，但如果今天鉑金包自己送上門，還是遠從法國坐飛機來的正貨，是不是就比我們主動苦苦追求簡單許多？為什麼公關公司總是主動捧著各式各樣的名牌給大明星用，因為她身價高貴，享譽國際，良好的形象和品牌不謀而合，又襯得起分量，所以拎在手腕上出席公開場合，兩者相得益彰。同理可證，假若妳本身條件出眾，優秀過人，良緣怎會擦肩而過？愛情怎能不蜂擁而至？不但得來輕鬆，還有多種上乘的男人供妳評比挑選，根本無需和其他老百姓爭破頭。

「花若盛開，蝴蝶自來」。如果妳是一朵開得燦爛的花兒，吸引來的就會是斑斕的彩蝶；如果妳把自己經營成狗屎，名譽塗地，人格發臭，招致的就是蒼蠅或蛆。與其花錢去買鉑金包，浪費時間找好對象，倒不如投資自己，提升內涵。當妳懂得自我提升，妖魔鬼怪不會靠近，愛情自會來找妳，還會如同經典的 Hermes Birkin，閃閃生輝，恆久雋永。

男人，妳真的不能對他太好

某個女孩跟我訴說了她的心事：「遇到喜歡的男生，我總會想竭盡所能的對他好，但我覺得自己的付出很容易被對方視而不見或忽略，甚至當成垃圾踩在腳底下……」我邊聽邊瞥見她眼角淚光閃閃，想必內心一定有很多委屈。

欣西亞很能理解有些女生一旦喜歡上人，就巴不得奉上全部的愛和熱情，這很可能是因為她們的母性比別人來的強大，所以在戀愛感的催化下，便會不知不覺把男人當成孩子般呵護，對大小事也忍不住主動幫忙。譬如說：知道他沒吃飯，便十萬火急送食物去他家，他透露缺了什麼生活用品，就立馬採買民生物資，甚至當他學校作業沒寫、工作報告沒交，女人都會想盡辦法熬夜完成，更別說對男友的要求也一定使命必達。像是看他想看的電影，吃他想吃的餐廳，就算姨媽來也還是讓他放進去，走後門都沒關係，只要他開心，然後更加疼愛自己。問題是：當女人凡事有求必應，男人就會懂得珍惜嗎？

當然不是！因為無論男人女人，都是人性本賤，習慣成自然。當知道某樣東西垂手可得、取之不盡用之不竭，大家就會視為理所當然。好比陽光、空氣、水，缺一必死無疑，但多少人在呼吸間意會自己的幸運，然後為這生命三要素感動讚嘆的？別說其他人，恐怕連我們自己都做不到吧？兩性關係也是如此，如果妳對男人的愛永遠是給予，那他感謝的方式就是輕賤妳的存在，如果妳總是毫無怨尤的付出，那他回報的方式就是嗤之以鼻。

記得小時候聽過有個故事，說的是一位母親對自己的兒子總是放任和溺愛，導致他長大誤入歧途，後來被縣太爺抓了起來，入獄前他要求媽媽讓他再含一次奶頭，結果卻大力將母親的奶頭咬斷，再忿恨地抱怨：「都是妳害我的！」這個故事告訴我們：一味寵愛，好男人都可能被妳慣成壞男人。然後如果不想奶頭被咬斷，付出的愛就該適可而止。所以，如果妳發現每次炒飯他都咬得特別用力，哦諾！請立刻檢討自己愛的方式是不是已經出了包？（這什麼鬼！）

恐怖的還沒完，一昧示好跟包容退讓，久而久之妳跟他的關係就再也不是男女朋友，而是恩主公裡頭的神明跟信眾。妳誠心誠意的燒香和捐獻香油錢是希望恩主公對妳的期望有所回應，但充其量也只是做了求心安，「有拜有保佑」。而看在他眼裡，信眾的膜拜跟進貢都是理所當然的，妳非但一定要拜，最好還是三牲四果的普渡規格，給的排場都這麼盛大了他還是不見得要對妳有求必應，誰教他是妳高高在上的神。所以，男人真的不能對他太好，溺愛過頭他只會大頭症上身，還當自己是恩主公。女人也是一樣，寵習慣了，麻雀也會以為自己是媽祖林默娘。

破除死老百性莫名造神的方法就是把自己的格局提高，讓愛收放自如之餘，他必須也要付出，才能得到妳同等的回報。重點是真的不行就 say NO，像是今天鳳體欠安無法約會，就不要硬著頭皮配合。或是老娘偶爾想吃西餐，就不要餐餐都陪著吃熱炒，姨媽來了就是不方便打炮，請放妳一馬，或是他可以邊看妳的裸體邊打手槍。總之，**如果妳一直是個什麼都說好的 Yes Lady，男人就永遠不會是妳的 Yes Man。**

「問題是他已經被我寵成神明啦，怎麼辦？」妳嘟起嘴巴問。

那妳只能先從「廟公」熬起，所謂廟公，就是打掃清理，為神像淨身，管理寺廟的人，妳依然可以為他做很多事情，每天燒三柱香的膜拜他，幫他跑腿當小跟班，但要達成共識：就是，無論如何，老娘還是你的老闆，只要我關廟門，你就沒轍。最起碼，此尊神明只屬妳一人獨有，不要到頭來妳發現自己是在別人的廟當義工，就好囉！

差一點就幸福了

無論愛情經驗再怎麼老道，失戀總能將女人殺個措手不及，無論是論及婚嫁的男友突然提分手、感情出現危機、曖昧有了交往對象，導致戀愛破局，當我們無法跟心愛的人走下去，或是和喜歡的他擁有未來，怎麼感受，都教人傷透心。除了難過，胸口還不免有股「唉……差一點」的悲嘆：差一點就得到真愛、差一點幸福就降臨，那種幾乎快要卻擦身而過的沮喪，我想沒人handle得來。於是，我們在落單的深夜裡不斷自問事情為何發生，想破腦袋試圖找到最合理的答案，然而在不斷埋怨命運不跟我們站在同一邊，紅線沒把緣分纏得夠緊密的同時，殘酷的真相也呼之欲出：原來他就是沒那麼愛，領悟的那一瞬間，痛的，簡直像在傷口上撒鹽。

當初再怎麼靠近幸福的那道光，現在它也屬於其他女人的燦爛輝煌，但我們大可不必隨著失去的光彩而因此黯淡，這不但不值得，也可惜掉了。因為挫折其實是堅強的開始，就像尖銳的異物跑進了蚌裡，受到刺激才育孕耀眼的珍珠，又像光彩奪目的鑽石，必須經過一連串的拋光切割，才能成為世界上最有價值的寶物。要獲得永恆的愛情哪有不經過千錘百鍊的道理，如果在第一回合就認輸慘遭淘汰，別說現在差一點，以後要幸福的資格都很難獲得。

尤其幸福一向是靠山山倒，靠人人跑，如果開心快樂都是靠別人決定，那妳的願望就永遠是一種奢望，對方的付出就永遠是一種施捨，如此一來，捧的人戰戰兢兢，給的人十足壓力，當愛成了負擔，談感情就像在坐牢，逃，自然成為上上之策。女人不能沒了男人就一無所有，正如同不能失去愛便無法幸福，當男人不再是照亮的太陽，女人便要學著自己發光。如果他沒那麼愛，那妳就要加倍愛自己；如果快樂別人沒法給，那妳自己就必須給得起。不用怕再度被誰收進口袋，幸福，到頭來還是一種「自給自足」的能力。

「差一點就幸福了」，在發出這樣的感嘆時，表示妳認定對方就是妳的幸福，也認為非得要跟他在一起，那種幸福才算數。事實上，它的定義因人而異，在人生不同的階段也被賦予不同的看法，這一刻沒得到他的愛是不幸，然而，當妳又邂逅更美好的戀情時，回過頭看，搞不好會覺得當下錯過的自己很幸運，否則現在也不會遇見更適合的人。

試著讓自己成為百分百幸福的人吧！靠自己的力量實在地幸福起來。說穿了，若總是要「看人臉色」，就算決定交往或步入禮堂，心中那份踏實就永遠有缺口，妳永遠都嫌不夠，他也絕對感受得到彼此的不足。結論是幸福無論如何都不能差一點，一定要愈多愈好，the more the merrier，努力先讓自己幸福到滿出來，才有能力負擔兩個人的份，妳發光發熱，別人才會義無反顧朝妳的方向飛來。不是差一點就幸福了，而是，一直都那麼幸福。請無時無刻懷抱這份自信，並持續讓這它延續下去。

什麼是愛情裡的「圓滿」

台灣人對「圓滿」兩個字向來重視，佛家修行或辦法會，會希望功德圓滿；喜宴上吃的湯圓，象徵圓滿甜蜜；連愛情偶像劇的結局，都希望是有情人終成眷屬的圓滿結局。然而有句話說：人有悲歡離合，月有陰晴圓缺。既然人世間的聚散好比新月和滿月，雖有些無可奈何，卻又顯得異常自然，相信愛情也是如此。緣分到了，就走在一起，緣分淡了，就各自仳離。那麼，什麼樣的愛情才算圓滿？我想註解也是因人而異，大多數的人認為一段圓滿的愛情，不外乎是走進禮堂，步入婚姻，然後執子之手，與子偕老。但在欣西亞看來，愛情的「圓滿」其實分很多種，就算兩個人沒有走到最後……

第一種圓滿是，妳不但愛得很用力，也盡力了

你們的關係一直處於一種莫名的拉鋸，因為妳就是喜歡他比較多，也用情至深。雖然他從沒給妳正面的回應，也從未給妳任何承諾，但妳就是一股腦栽進他的世界，讓他堂而皇之走進妳的心。就算受盡折磨也受了很多委屈，妳不但愛得用力，還是用盡全身的力氣去喜歡這個人，妳不只一次認真傾訴自己的情感，甚至用行動表達得既明白又清晰，就怕他不知道妳的愛，就算全世界都曉得妳有多愛。在這段不對等的關係裡，也許最後他仍然沒被妳的真心打動，這樣的愛情已經是種圓滿，因為妳愛得毫無保留，盡了力，心中不會留下任何遺憾。

第二種圓滿是，兩人真真實實地愛過了

「不在乎天長地久，只在乎曾經擁有」，說的差不多就是這樣。分手本來就存在很多不可抗力的因素：心變了，情冷卻，第三者介入，家長看不順眼等等。

當初再怎麼愛得濃烈，現在也是無力可回天。這個時候，別埋怨先變心的那一個，也別計較情冷的是誰，只要在一同走過的歲月裡，妳和他真真實實地愛過，兩人的感情也是千真萬確，彼此的愛情已經是種圓滿。

第三種圓滿是，妳認真面對接下來的人生，然後試著祝對方幸福

一開始的甜蜜承諾，左手無名指上閃爍著要白頭偕老的誓言，如今隨著一紙離婚證書煙消雲散。仇恨讓曾經相愛的人反目，怨懟讓彼此口出惡言，日積月累的情份也

在一夕間崩毀。婚姻，努力經營過就該問心無愧，放手不但是種祝福，也是另一層次幸福的開始。當妳不再用對方的錯來懲罰自己，而是遇見什麼都發自內心的微笑，不再糾結對方如何過他的生活，並開始認真面對自己接下來的人生，那麼，這便是為你們共同的過去畫下一個最圓滿的句點。

最後一個圓滿是，無論是面對錯過的，或是失去的，妳都學到了一些東西，學會一個教訓，然後每一次都讓妳懂得多愛自己一點

愛情本身就無法盡如人意，有了交集的線或許在未來會再次平行，擁有別人的真心可能還會再度失去，若把相知相識看作一種緣起緣滅，也許我們對他的離開和感情的結束更可以坦然面對。如果在每段關係裡妳都學到一些東西，學會一個教訓，被挫折磨練得更加堅強，在下一段戀愛當中就能少摔一點跤，甚至，不會摔得那麼疼。懂得多保護自己或更愛自己一點，那麼，我認為這也是愛情裡的功德圓滿。

寫到這裡，相信有人同意欣西亞的看法，也有人還沒從失戀中走出來而心存懷疑。其實，同樣一件事，圓滿不圓滿，看法永遠見仁見智。然而，對於愛情，我認為無論它的結局怎樣，結果是否令人滿意，只要我們真的是盡力了，也用力愛過了，能夠好好放手互相祝福，如此，它就永遠像窗外亮晃晃的月亮一樣，圓潤滿盈。

專欄★聽聽Shane怎麼說

第一次約會就上床，OK嗎？

很多女生常認為：第一次約會就上床，男生不但覺得妳隨便，還容易淪為炮友，假使想要一段穩定的關係，性愛上最好讓他等久一點比較好。

而如果做了愛對方態度就轉為冷淡，甚至避不見面，女生就會跟姊妹淘哭天：「一定是我太快給他了，所以才會這樣……」嘖！我實在很想說：「就算妳hold到半年後才上床，結局多半還是會這樣，因為……他就是沒那麼喜歡妳！」

女人的鮑魚本來就不是愛情的籌碼，sex也不是制勝關鍵，因為男人是跟妳「這個人」談戀愛，而不是跟妳的下半身，所以他有沒有對妳動心絕對不是因為「哦！她大腿一直夾得很緊」，而是「她的個性令我著迷」。於是，喜歡就是喜歡，想跟妳在一起就是會跟妳在一起，跟等了多少時間才做愛，真的沒有絕對關係。

然而，除非他對妳一見鍾情，或是妳人格特質非常明顯，能夠在很短的時間內充分展露，否則仍舊需要一段時間的相處才能夠被發覺。

與其急於兩腿開開，還是最好別在第一次約會就上床，目的不是為了證明女生不隨便，反倒是給他時間感受其獨一無二，畢竟男人天性喜歡追逐，先吊住他的胃口，才不至於還沒發現妳的特別就先吃乾抹淨，然後下一秒拍拍屁股走人。恐怖的是，如果妳對他來說一點也不特別，就算拖過六個月後上床他照樣開溜，或者，興致缺缺，沒上床他一樣跑。請不要責怪他在浪費妳的時間，因為人性就是這麼現實。

說了這麼多，與其處心積慮計劃何時跟喜歡的人上床才是最佳時機，倒不如想辦法增進個人魅力，專精於複製人的整型美容做不到，只有多充實內涵，並且培養興趣妳才能發光發熱，如此一來，不需要近距離親密接觸，大老遠都能教仰慕者慕名而來。

總而言之，男人留不留得住，跟大腿張得快不快無關，當女人活出個人特色，才有資格和美好的愛情並駕齊驅。

PLUS

× 致那些好男人

給陽光宅宅的教戰手冊

「首先，你先要有個女朋友」之 how-to

每當欣西亞和 Shane 的 YouTube 節目在網路上轉載，只要話題是討論兩性，留言就一定會出現「首先，你先要有個女朋友」這類的回覆。看來單身的男性還是很多，而且還不得其門而入，尤其這個社會一向崇尚高富帥，如果沒長相，口袋就要夠深，再不然，身高也要夠高、或夠長，最好還能像健達出奇蛋一樣花招百出，如果是以上皆非的魯蛇或宅男，加入「去死去死團」難道就是唯一選項嗎？

非也。今天欣西亞就要讓各位苦主的幻想不再是幻夢，讓「首先，你先要有個女朋友」這句話不再是螢幕上的留言，讓你「哥就是要得其門而入」（咳咳！無論是女生的心門，還是下半身的……），還請看官們看仔細啦！

第一個 how-to：改變長相，倒不如增強自信

仔細觀察大街上的路人甲乙，五官其實都差不多，都是兩隻眼睛、一個鼻子跟一張嘴。但是，如果是型男，你會發現他們的雙眼總是炯炯有神，眼神會射出神采飛揚，那種存在感特強又教妹無法直視的刺眼光芒就是「自信」，然而這兩個字只能靠自己生，善於複製貼上的整形醫生絕對給不起。

信心能讓二百五變身金城武！培養的方式有很多，像是改變穿著，請捨棄過於寬大的服飾，合身是王道，衣服一fit整個人精神就出來。「佛要金裝，人要衣裝」，從

今以後你就晉身高級禮盒中日本富士，而不是紅白塑膠袋提著的一顆五十。

另外，投入的男人最具魅力，盡量發展興趣或專長：線上遊戲玩成pro級，研究3C變成精，一旦有了自己專精的領域，你就也能是意氣風發的somebody。

第二個how-to：憨厚out，城府in

愛情原本就是場心機的遊戲，出不出局跟外在條件無關，城府夠深就愈玩得起。人對無法掌握的東西容易著迷，所以當你開始對女生發動攻勢時，可以追得勤，但也要懂得放生，欲擒故縱、保持神祕感很重要。人性就是犯賤，死纏爛打絕對不會孝感動天。忽然不聯絡、line開始已讀不回，對方嘴巴上沒說，心裡一定會毛毛的，千萬不要覺得她這麼受歡迎哪會在意你的去留，就算是女神，也會害怕信眾的流失，當你稍微收回對她的崇拜和付出，伊人就有可能返身飛撲過來。別靠夭說女人為何這麼複雜，如果我們不把 level 調高一點，男人怎麼會有興趣來破關呢？把研究攻略的精神實踐在這場人生最大型的 online game，你就不會覺得這一切很難掌握了（煙）。

第三個 how-to：永遠不要放棄，因為把妹是需要練習的

遙想那些卡關卡到不行的歲月，你是不是跟它戰到不眠不休、廢寢忘食，練習再練習就是為了成功達陣的那天？「把妹」就打電玩的道理差不多！當然並非要你去玩弄人家，而是得失心切勿太重，今天這招沒奏效，下一次就換別的方法試試看，重點是永遠不要放棄！因為戀愛這條路很長，就算把到了，交往又是另一個遊戲的開始，只是難度更高，不斷提升自己的技巧才會長久。說穿了，高富帥同等於開外掛，關卡

破得快又怎樣？不具備搞定女人的能力，愛情就是死路一條。

在五光十色的複雜社會，兩性間再也不是「男追女，隔層山；女追男，隔層紗」，沒本事、不用心，追求永遠是件難事。「約炮」反倒比「求愛」更加簡單，前者是一個蘿蔔一個坑，只要沒搞錯，閉著眼睛都能完事，而後者需要永續經營，想求得永恆的真愛，不斷精進才是正途。

最後，大家有沒有想過，「首先，你先要有一個女朋友」這句話之後的「然後呢？」有了女朋友以後該怎麼辦？可見兩性就是不停休的電玩遊戲，一旦玩下去，就永遠有被game over的風險，只有恆心和毅力才能保你順利破關，加油！

關於床上的「好人卡」

好人卡，意思是人雖好，但也總是被打槍，明明沒做錯什麼事，卻常常被人婉轉拒絕。而男生收到的比例比女生還多，我想是因為男生在追求上還是較為主動，殷勤獻多了難免出錯，造成對方白吃白喝，讓自己的真心和付出全付諸流水。

不過，今天我要來談談關於發生在房間裡的「好人卡」，當孤男寡女共處一室，對方已經在你的床上，兩個人也摟摟抱抱得慾火中燒，眼看只剩最後的臨門一「插」（腳），她突然推開你，軟軟地說：「今天還是不要好了！」接著穿上衣服奪門而去。

「花嘿噴？」還挺著精神飽滿的下體，你丈二金剛摸不著頭緒，那就讓欣西亞來告訴你，有什麼情況讓會女人在啪啪啪前給出好人卡，如果不想收，還請男人嚴加防範。

情況一：前戲不夠，教人神志清醒

女人的身體就像一部作工細膩的古董車，無法像法拉利F12瞬間在三秒內飆到時速一百公里。如果男人很猴急，暖車的時間太短，在床上只想著進入駕駛座享受追風的快感，很抱歉！我們不但發你好人卡，還發得快狠準！尤其前戲就是要神魂顛倒愛才做得下去，男人的愛撫太「醒腦」，女人不但無法發浪，還被逼著思考起人生的意義……既然明天早上還有會議要開，還是別浪費時間在無趣的性愛，早點回家洗洗睡比較實際。

情況二：男人顯得沒自信

其實，要上床，女人的眉眉角角也沒那麼多，只要看對眼，對方讓人感覺安心，老娘就甘願載他一程。在我們眼裡，性愛好比男人開車，就是天底下應該沒有男人對開車這件事是不擅長的吧？無論是手排或自排，男人應該都很會開吧？結果他一試駕，開車門的姿勢顯得笨拙，發動引擎不太純熟，連方向燈都打錯不說，還頻頻發問：「我這樣可以嗎？」「妳覺得OK嗎？」「可以放進去了嗎？」哇咧！沒正式上路已經狀況連連，要他直達G點，恐怕用GPS定位都會迷路吧？（翻白眼）如果男人在床上顯得沒自信，或不曉得自己在幹嘛，就別怪女人發好人卡，而且發一張都算客氣，應該要發十張！

情況三：她其實已經有男朋友惹

在緊要關頭讓女人大喊：「卡！」不給「插！」還有一個可能性，就是……她身旁其實已經有專屬司機惹。這類查某郎很自欺欺人的認為：只要沒啪啪啪，那就不算出軌。所以跟其他男生大搞曖昧，你可以牽她小手、親她小嘴、揉她小奶（或大奶），但sorry，就是不能放進去！因為一旦唇屌相依就是蕩婦的認證，所以關門放狗發好人卡，推託說今天姨媽來不宜辦事，或是本日身子不爽無法侍寢等等，就是要你脣亡屌寒，覆唇之下無完卵！（這也太嚴重了些）

如果你依稀覺得每次一二三壘都上了就是不能全壘打，噢諾！那你很可能不是「好人」而是「小王」，不是她的「曖昧對象」而是「客兄」，既然只是對方發來的臨時演員，便當領一領回家打手槍吧，射出來更有益身心健康。

很多男生常常抱怨又被哪個正妹發好人卡拒絕，傕悲自己的滿腔熱情被綠茶婊利用。結果嘴巴上靠夭完，回頭一個move，又把手中的卡片pass給下一個恐龍妹，原來身旁的跑腿小跟班從沒少過，也酷愛扮演占著茅坑不拉屎的渣男，食指指著別人說不是，結果四根手指頭全在講自己。己所不欲，勿施於人，不喜歡拿好人卡，就別當發好人卡的爛咖，否則報應不爽，別說欣西亞沒提醒各位囉！

我知道你愛得很用力，但還是要一巴掌呼醒你！

欣西亞致幸福愛情的 53 個 Do's & Don'ts

作者	欣西亞	Cynthia
責任編輯	蔡穎如	Ruru Tsai, Senior Editor
封面設計	申朗創意	Chris' Office
內頁設計	申朗創意	Chris' Office
行銷企劃	辛政遠	Ken Hsin, Marketing Executive
總編輯	姚蜀芸	Amy Yau, Managing Editor
副社長	黃錫鉉	Caesar Huang, Deputy President
總經理	吳濱伶	Stevie Wu, Managing Director
首席執行長	何飛鵬	Fei-Peng Ho, CEO

出版　創意市集
發行　英屬蓋曼群島商家庭傳媒股份有限公司城邦分公司
Distributed by Home Media Group Limited Cite Branch
地址　104 臺北市民生東路二段 141 號 7 樓
7F No. 141 Sec. 2 Minsheng E. Rd. Taipei 104 Taiwan

讀者服務專線　0800-020-299 周一至周五 09:30 ～ 12:00、13:30 ～ 18:00
讀者服務傳真　(02)2517-0999、(02)2517-9666
E-mail　創意市集 ifbook@hmg.com.tw

ISBN　978-986-923-386-6
版次　2016 年 1 月初版／2022 年 5 月初版 9 刷
定價　新台幣 280 元／港幣 93 元

製版印刷　凱林彩印股份有限公司

城邦書店　城邦讀書花園 www.cite.com.tw
地址　104 臺北市民生東路二段 141 號 1 樓
電話　(02) 2500-1919　營業時間：09:00 ～ 20:30

◎書籍外觀若有破損、缺頁、裝訂錯誤等不完整現象，想要換書、退書或有大量購書需求等，請洽讀者服務專線。

國家圖書館預行編目 (CIP) 資料

我知道你愛得很用力，但還是要一巴掌呼醒你！欣西亞致幸福愛情的 53 個 Do's & Don'ts / 欣西亞著 . -- 初版 . -- 臺北市：創意市集出版：家庭傳媒城邦分公司發行，2016.01
面；　公分

ISBN 978-986-923-386-6 (平裝)

1. 兩性關係 2. 戀愛

544.7　　104024854

香港發行所／城邦（香港）出版集團有限公司
香港灣仔駱克道 193 號東超商業中心 1 樓
電話：(852) 2508-6231
傳真：(852) 2578-9337
信箱：hkcite@biznetvigator.com

馬新發行所／城邦（馬新）出版集團
41, Jalan Radin Anum,Bandar Baru Seri Petaling,
57000 Kuala Lumpur,Malaysia.
電話：(603)9057-8822
傳真：(603) 9057-6622
信箱：cite@cite.com.my